SILBER REGION Karwendel

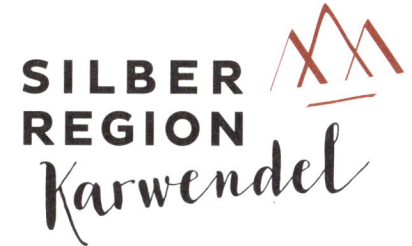

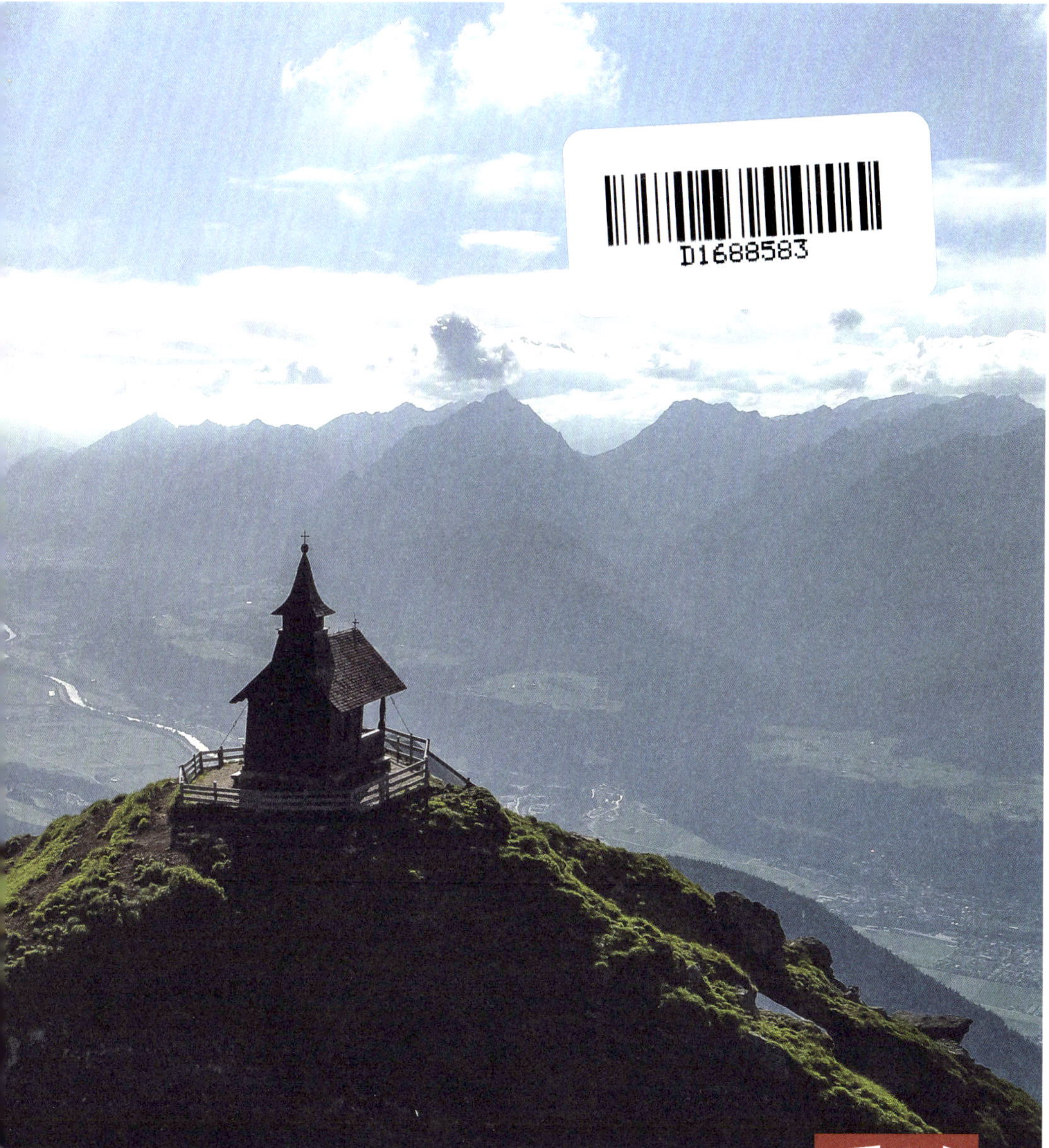

Tirol

Harry Prünster

Griaß di?

Mein Tiroler Wörterbuch

Lustiger Sprachführer der
Tiroler Mundart

Mit Karikaturen von
Stefan Torreiter

■■ FECHTER MANAGEMENT & VERLAG GMBH

Die Hochsprache beschreibt,
der Dialekt charakterisiert.

(Fritz P. Rinnhofer)

IMPRESSUM

Copyright Fechter Management & Verlag GmbH
Sieveringer Straße 194, A-1190 Wien
Tel: +43 1 440 52 91-0
Fax: +43 1 440 52 98
office@fechter-management.com
www.fechter-management.com

Autor: Harry Prünster
Illustration: Stefan Torreiter
Umschlagfotos: Martin Hauser (Harry Prünster)
           Silberregion Karwendel (Cover-Hintergrundfoto), www.silberregion-karwendel.com
Layout: CD Media GmbH, 3300 Amstetten
Grafik: Peter Petzl, Petra Krenn, PETZL.CC Communication, www.petzl.cc
Projektleitung & Öffentlichkeitsarbeit: Nicole Hoffmann, Fechter Management & Verlag GmbH
Druck und Herstellung: gugler*, Gugler GmbH, Auf der Schön 2, A-3390 Melk/Donau, www.gugler.at

Alle Rechte vorbehalten.
1. Neuauflage 2020

ISBN 978-3-901521-60-7

Inhaltsverzeichnis

BUCH

Vorwort	Seite 4
Wås Grammati*kch*alisch's	11
Praktische Redewendungen	22
Mein Tiroler Wörterbuch	49
Rezepte meina liabschtn Tirola Schmanggaln	226
Gschtanzln und Marterlsprüche aus Tirol	229
Literatur	239

Megsch eppas üwas Tirolerische wiss'n? Dånn schaug decht då nach!

www.harry-pruenster.com/app/

Vorwort

Das hier vorliegende Buch „Griaß di" setzt sich mit meinem so lieb gewonnenen Tiroler Dialekt auseinander. Klarerweise erhebt es keinerlei wissenschaftlichen Anspruch; wer dies sucht, der schlage bei Schöpf („Tirolerisches Idiotikon", 1866) oder bei Schatz („Wörterbuch der Tiroler Mundarten", 1956) nach. Ich wollte und will auch nicht alle Feinheiten und etymologischen Unterschiede zwischen Nord- (Oberland und Unterland), Ost- und Südtirol herausarbeiten. Dabei wäre das nicht einmal SO schwierig, wenn man bedenkt, dass jedes Seitental (Ötztal, Villgratental, Ultental, Zillertal ...) auch noch seinen ganz eigenen Dialekt, ja ich möchte fast behaupten, seine eigene Sprache hat. Da wird es dann wirklich kompliziert.

Nein, dieses Buch stellt schlicht und ergreifend eine innige Liebeserklärung des Autors an seine Muttersprache und Heimat dar. Je älter ein Mann wird, desto mehr steigt sein Interesse an der Geschichte. Man will möglichst viel über seine Vorfahren wissen, hört den liebgewonnenen Alten aufmerksam zu und tankt Erfahrung. Was man denen, die uns prägen, wiederum mit der Übernahme deren Sprache dankt.

Schauen Sie mich an: Richtig, ich spreche ein wenig Deutsch, ein bisschen Tirolerisch, aber hervorragend Schwåzarisch. Damit ist schon einiges treffend erklärt: Ich behaupte, es gibt keinen „Zillertaler Dialekt", doch sehr wohl einen Fügener, einen Zeller, einen Mayrhofner und einen Tuxer Dialekt. Kurzum jede Ortschaft dieses Seitentals ist stolz darauf, eine eigene „Sprache" zu besitzen. Sollten Sie in Tirol wohnen, dann machen Sie sich, falls Sie Ihr Kind zum Spielen beim Nachbarn unterbringen, darauf gefasst, dass es mit einer „Fremdsprache" nach Hause zurückkehrt. Kinder lernen schnell!

Die Stadt Schwaz – wir üben gleich „Schwåz" – ist die Bezirkshauptstadt des Achen- bzw. Zillertals im Herzen der Silberregion Karwendel. Als Schwazer muss man also polyglott sein, denn sonst könnte man als Arzt des Bezirkskrankenhauses Schwaz den Patienten aus Zell am Ziller wohl kaum verstehen, wenn er den Grund seines Krankenhausbesuchs zu erklären versucht. Vielleicht wurde meine Liebe zum Dialekt dadurch entfacht, weil der Wechsel von einer Mundart zur anderen so nah beieinander liegt. Ohne zu übertreiben, kann ich hier betonen, alle 10 Kilometer wechselt Satzmelodie und spezifisches Vokabular.

Zum Beispiel wird die Farbbezeichnung „rot" in Schwaz als „ruad" ausgesprochen. 10 Kilometer westlich heißt das bereits „roat" und 20 Kilometer östlich werden Sie „rood" bemerken. „S' Roode gfoid ma am bescht'n", wird der Mann im Tiroler Unterland zu seiner Frau sagen, wenn ihm wirklich das rote Dirndl am besten gefällt. Sie sehen schon, ein Besuch in Schwaz lohnt sich, weil hier so viele Kulturen aufeinandertreffen, deshalb sind wir nicht nur polyglott, sondern auch – was man Tirolern sonst eher nicht nachsagt – kosmopolitisch angehaucht. Ein Beispiel sei noch angeführt, bevor wir in medias res gehen.

Deutsch: „Er ist über den Türschweller gestolpert und in den Hausgang (in die Diele) gestürzt."

Ins Ötztalerische übersetzt, lautet der Satz: „Ischt a ma woulltarn üwan Trischiewl an Äiwassa gekuuglt."

Damit ist wohl in einem Satz erklärt, was ich Ihnen im Folgenden zu erläutern versuche. Verlieren Sie also keinesfalls den Mut und lernen Sie mit meinem humorvollen Sprachführer „Tirolerisch". Übrigens, es gibt auch eine App, mit dem Sie Ihre Kenntnisse vertiefen können.

Viel Spaß mit dem Tiroler Dialekt wünscht Ihnen
Ihr Harry Prünster

Der Tiroler und seine Mundart

(Der Tiroler, richtig: Tirola, auch: Tirolla, sogar: Tarolla usw. usw.)

Gleich eingangs sei festgehalten, dass ich die Definition des Brockhaus (Ausgabe um 1900), so wie auch alle anderen „Tirola", strickt ablehne. Unter dem Stichwort „Tiroler" findet man nämlich folgendes:
„Listiges Bergvolk in Lederhosen, das jodelt."
Eine Behauptung, die die Tatsache verzerrt! Gut, es ist schon wahr, dass wir ein Bergvolk waren und sind. Die harte Arbeit des Bergbauern, der karge Ertrag, der ewige Kampf gegen Naturgewalten - im Sommer Überschwemmungen und Muren, im Winter Lawinen und beißende Kälte - das prägt einen Menschen. Um zu überleben, greift man ab und zu zur List, wobei dies wohl eher mit Kreativität umschrieben werden muss. Richtig: „Kreativität" - das trifft die Sache auf den Punkt! Mitte des 19. Jahrhunderts erfanden **wir** den Fremdenverkehr. **Wir** waren es auch, die herausfanden, dass man nicht nur Kühe melken kann ...
So lernten wir schnell, mit den neuen Bedingungen zu leben, bauten statt Scheunen Hotels, züchteten anstatt Kühen Skilifte und avancierten in Kürze zur mondänen Winter- bzw. Sommerfrische.
Zum Vollblut-Europäer fehlt dem Tiroler eigentlich nur die allgemein verständliche Sprache, doch genau bei diesem Thema ist und bleibt er standhaft. Die ehrliche, manchmal deftige, aber stets bildhafte Sprache bleibt heimatverbunden und wurzelecht.

Um jedem Kosmopoliten die Chance zu bieten, sich mit Tirolern (auch Hoteliers, Hüttenwirte, Skilehrer, Bergführer, ...) zu verständigen, sei eben dieses Buch wärmstens empfohlen. Ernst erarbeitet, von Herzen kommend, gut und spaßig gemeint soll es jeden interessierten (Tirol-Fan) unterhalten.

Zur Verwendung des Buches

Tirolerisch nachvollziehbar in Schriftform zu bringen, würde eine enorme Vielzahl an Spezial-Schriftzeichen, Abkürzungen und Schreib- und Sprachregeln benötigen. Aus diesem Grund hat der Autor gemeinsam mit dem Lektorat des Verlages eine einfache, mundartgerechte Schreibweise entwickelt, die dem Leser mit etwas Übung das Nachsprechen Tiroler Begriffe ermöglichen und dabei die Lesbarkeit nicht behindern soll. Eine kleine theoretische wie methodische Übersicht zur Verwendung des Buches kann dem Leser allerdings nicht erspart werden. Weitere Informationen finden Sie auf www.harry-pruenster.com/app/

Megsch eppas üwas Tirolerische wiss'n? Dånn schaug decht då nach!

1. Der in alphabetischer Reihenfolge eingeordnete Mundartbegriff wird stets „**fett**" geschrieben, verwandte Begriffe oder regionale Unterschiede „normal", Beispiele für die Verwendung in der Sprachpraxis „*kursiv*".

    Beispiel:
    fåån, foarn, foon   fahren
    I fåå mit dia ums Egg!   Ich werde es dir schon zeigen!

2. Buchstaben in Klammern bedeuten, dass sie je nach Region einmal deutlich, undeutlich und gar nicht gesprochen werden.

    Beispiel: **alloa**n(-ig)

    Dasselbe gilt auch für „unfett" markierte Buchstaben.
    Sie werden meist nur undeutlich angesprochen oder schwingen akustisch mit.

    Beispiel: **da-wå**rtn

3. Zur leichteren Lesbarkeit werden oft Vorsilbe und Wortstamm durch einen Bindestrich voneinander getrennt.

   Beispiel: **da-grattln**

4. Die Unterstreichung eines Buchstabens deutet darauf hin, dass seine Aussprache von dem Hochdeutschen wesentlich differiert:

   Beispiel: **de<u>i</u>s**: Statt -ei- (gesprochen wie „Eis") geht das „e" langsam in das „i" über.

   Dasselbe gilt zB auch für **eam**. In diesem Falle ist keine spezielle Schreibweise notwendig, da es im Hochdeutschen keine Verwechslungsmöglichkeit gibt.

5. *Å*, *Å*, **Å**, *å*, å, **å** entsprechen in ihrer Aussprache im Wesentlichen einem „O". Deshalb als „o" alphabetisch behandelt.

   Beispiel: **Fetzkåchl**

6. Besonders lang oder gedehnt gesprochene Vokale werden in ihrer Schreibweise verdoppelt:

   Beispiel: **gaaling**

7. Das charakteristische Tiroler-„K", das am ehesten mit einem Krächzen im hinteren Gaumenbereich verglichen werden kann („gutturaler Raspellaut") - eine gelegentliche Verwechslung mit einer Erkrankung der Atemwege soll schon vorgekommen sein -, wird meist besonders durch ein *kursiv* gesetztes -*kch*- hervorgehoben.

   Beispiel: **Schpec*kch*-*kch*nedl**

8. Folgende Buchstaben sind im Dialekt so gut wie nicht vorhanden: C, Qu ... bei K zu finden, Å-O, D-T, G-K, B-P, V-F können selten akustisch unterschieden werden, die Wahrnehmung ist sehr individuell. Dies sollte bitte bei der Wortsuche im vorliegenden Wörterbuch berücksichtigt werden.

St, Sp werden zu Scht und Schp, Qu zu Kw, Z manchmal zu Ts.

Abkürzungen:

jmd.	jemand
i. S.	im Sinne/in der Bedeutung von
EZ	Einzahl, Singular
MZ	Mehrzahl, Plural
OL	Tiroler Oberland
OT	Ötztal
syn.	synonym
UL	Tiroler Unterland
w. o.	wie oben
ZT	Zillertal

Wås Grammati*kch*alisch´s.

A bissl wås Grammati*kch*alisch´s.

TIROLER ZEITWÖRTER

Der Überblick über die Verwendung der Tiroler Zeitwörter (Verben oder auch „Tunwörter" genannt) beweist auch gleichzeitig die eindrucksvollen Unterschiedlichkeit einiger Tiroler Mundarten.

Gegenwart

„sein"

Deutsch

ich **bin** lustig   wir **sind** lustig
du **bist** lustig   ihr **seid** lustig
er **ist** lustig   sie **sind** lustig

Inntalerisch

i **bi** hetzig   mia **sein** hetzig
du **bisch** hetzig   eis **seids** hetzig
ea **isch** hetzig   sei **sein** hetzig

Zillertalerisch

i **bii** hetzig   mia **hent** hetzig
dü **bischt** hetzig   es **seitet** hetzig
ea **ischt** hetzig   sei **hent** hetzig

„haben"

Deutsch

ich **habe** Zeit   wir **haben** Zeit
du **hast** Zeit   ihr **habt** Zeit
er **hat** Zeit   sie **haben** Zeit

Inntalerisch

i **hu** daweil   mia **håm** daweil
du **håsch** daweil   eis **håbs** daweil
ea **håt** daweil   sei **håm** daweil

Zillertalerisch

i **hun** drweil   mia **hom** drweil
dü **hoscht** drweil es **hoptet** drweil
ea **hot** drweil   se **homt** drweil

„werden"

Deutsch

ich **werde** verrückt   wir **werden** verrückt
du **wirst** verrückt   ihr **werdet** verrückt
er **wird** verrückt   sie **werden** verrückt

Inntalerisch

i **wea** narisch   mia **wean** narisch
du **weasch** narisch   es **weads** narisch
ea **weard** narisch   sei **wean** narisch

Zillertalerisch

i **wear** narisch   miar **wearn** narisch
dü **weachscht** narisch   es **weachtet** narisch
ea **weacht** narisch   se **weant** narisch

Mitvergangenheit
(Dei brauch ma im Tirolarischen fåst nia!)

„sein"

Deutsch

ich **war** ruhig   wir **waren** ruhig
du **warst** ruhig   ihr **wart** ruhig
er **war** ruhig   sie **waren** ruhig

Inntalerisch

i **wår** schtaad   mia **wårn** schtaad
du **wårsch** schtaad   eis **wårds** schtaad
ea **wår** schtaad   sei **wårn** schtaad

Zillertalerisch

i **wår** schtaad   mia **wårn** schtaad
dü **wåchscht** schtaad   es **wåchtet** schtaad
ea **wår** schtaad   se **wån** schtaad

Vergangenheit

„sein"

Deutsch

ich **bin** gewesen wir **sind** gewesen
du **bist** gewesen ihr **seid** gewesen
er **ist** gewesen sie **sind** gewesen

Inntalerisch

i **bi** gweisn mia **senn** gweisn
du **bisch** gweisn e<u>i</u>s **seids** gweisn
ea **isch, is** gweisn se<u>i</u> **senn** gweisn

Zillertalerisch

i **bi** gwesn mia **hent** gwesn
dü **bischt** gwesn es **seitet** gwesn
ea **ischt** gwesn se **hent** gwesn

„haben"

Deutsch

ich **habe** gehabt wir **haben** gehabt
du **hast** gehabt ihr **habt** gehabt
er **hat** gehabt sie **haben** gehabt

Inntalerisch

i **hu** g*kch*ob mia **håm** g*kch*ob
du **håsch** g*kch*ob e<u>i</u>s **håbs** g*kch*ob
ea **håt** g*kch*ob se<u>i</u> **håm** g*kch*ob

Zillertalerisch

i **hun** *kch*opt   miar **hom** *kch*opt
dü **hosch** *kch*opt   e**i**s **hoptet** *kch*opt
ea **hot** *kch*opt   se**i** **homt** *kch*opt

Oberinntal

i **hon** khet   miar **hobn** khet
es **hobets** khet   es **hobets** khet
er **hot** khet   se **hobn** khet

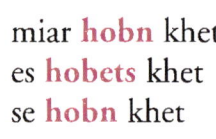

Zukunft

„werden"

Deutsch

ich **werde** zuhören   wir **werden** zuhören
du **wirst** zuhören   ihr **werdet** zuhören
er **wird** zuhören   sie **werden** zuhören

Inntalerisch

i **wear** zualosn   mia **wean** zualosn
du **weasch** zualosn   e**i**s **weads** zualosn
ea **weard** zualosn   se**i** **wean** zualosn

Zillertalerisch

i **wear** züälösn   mia **wearn** züälösn
dü **weachscht** z.   es **weachtet** züälösn
ea **weacht** züälösn   se**i** **weant** züälösn

Befehlsform
Ånschåffen tua ma gean

Hålt die Pappn!	Halt den Mund!
Hebs Maul! (ÖT)	Halt die Klappe!
Kimm umma!	Komm herüber!
Reiß hea di Minz!	Gib das Kleingeld her!
Lupf mi jo nit ummi!	Betrüge mich bloß nicht!
Hea oamol auf!	Hör endlich auf!
Her uamol au! (ÖT)	
Pfeiff di nix!	Mach dir nichts daraus!

Möglichkeitsform
Dei kunnt ma a diamol brauchn

Deis tat i gearn!	Das würde ich gerne machen! Das täte ich gern!
I kunnt di gråd dakwetschn!	Ich würde dich am liebsten zerquetschen!
Hättsch gearn, ha!?	Das hättest du gerne, was!?
Dös hattasch eppa gearn! (ÖT)	
Deis hatt i ma nia denkt!	Das hätte ich mir nie gedacht!
Dös hatt i miar nia gedenkt! (ÖT)	
Kantsch a bissl ummiruckn?	Könntest du ein bisschen auf die Seite gehen?
Kuntsch a wiag auf d Seit gea?	
Mai, deis war fei!	Mensch, das wäre angenehm (fein)!
Du wursch scho segn!	Du würdest schon sehen (wo das hinführt)!
Du wuarsch schun sechn! (ÖT)	

Die Beugung der Hauptwörter*

Einzahl, männlich

1. Fall	**da Lota**	der Mann
2. Fall	Umschreibung des Genetiv:	des Mannes
	vun (vom) **Lota**	
	in Lota sei Huat oder:	
	da Huat vun Lota	
3. Fall	**in/im Lota**	dem Mann
	Da Huat g*kch*eat in/	
	im Lota	
4. Fall	**in Lota**	den Mann

Mehrzahl, männlich

1. Fall	**die Leeta**	die Männer
2. Fall	Umschreibung:	der Männer
	vun (von) **die Leeta,**	
	vu die **Leeta** ihre	
	Schpergamentln	
3. Fall	**in die Leeta**	den Männern
4. Fall	**die Leeta**	die Männer

Einzahl, weiblich

1. Fall	**die Muata**	die Mutter
2. Fall	Umschreibung:	der Mutter
	von (**vun**) **da Muata**	
	da Muata ihre Kinda	
3. Fall	**da Muata**	der Mutter
	des sog ma da Muata	
4. Fall	**da Muata**	die Mutter

Mehrzahl, weiblich

1. Fall:	**die Miata**	die Mütter
2. Fall:	**von die Miata**, in die Miata ihrige Gschroppn	der Mütter
3. Fall	**in die Miata**	den Müttern
4. Fall	**die Miata**	die Mütter

Einzahl, sächlich

1. Fall	**s´ Poppal**	das Baby
2. Fall	Umschreibung: **vun Poppal**, in Poppal sei Schnulla	des Babys
3. Fall	**in Poppal**	dem Baby
4. Fall	**in Poppal**	das Baby

Mehrzahl, sächlich

1. Fall	**die Poppalen**	die Babys
2. Fall	Umschreibung: **vom/vun/in Poppale sei**	der Babys
3. Fall	**in die Poppalen**	den Babys
4. Fall	**die Poppalen**	die Babys

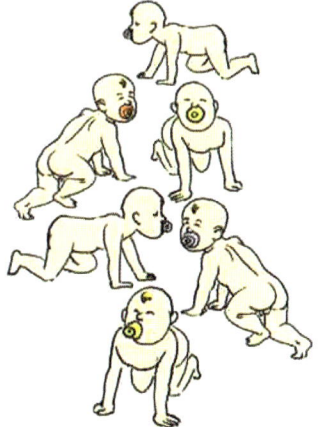

* Inntalerisch

Über die „Internationalität" der Tiroler Mundart

„Bisch a Tirola, bisch a Mensch!", sei das Motto vieler Tiroler. Sie wären von sich eingenommen, stur, nicht besonders aufgeschlossen, würden vieles sehr eng sehen.
„Die Berge behindern wohl den Blick in die Welt", meinen manche. Dass aber so mancher vermeintlich echte Tiroler Mundartausdruck von außen kommt und bei uns freundlich aufgenommen wurde, wissen nicht einmal viele Einheimische.

Klar, wurden diese Wörter doch einfach sozusagen „tirolisiert". Der Großteil dieser Ausdrücke stammt naturgemäß aus dem Nachbarland Italien, woher ja schon die alten Römer ihren Einfluss auf uns ausübten. Im Übrigen reichte ja das alte Tirol mit seinem italienischsprachigen Teil - dem Welschtirol - bis zum Gardasee. Aber auch andere europäische Regionen, die in irgendeiner, oft auch kriegerischen Weise mit dem Land zu tun hatten, haben unsere Sprache beeinflusst.

Hier einige Beispiele:

RÖMISCHEN Ursprungs sind u. a.:

aper:	schneefrei; apertus (lat.) = offen, frei
a Pois:	eine Weile; pausa (lat.) = Abstand
kamott,	gemütlich, bequem, angenehm;
kommott (UL):	commodus (lat.) = brauchbar, geeignet
Schpergamentln mochn:	Umstände, Schwierigkeiten machen; spergimenta (lat.) = Bewegungen des Priesters mit dem Weihwedel
raar:	selten, wertvoll; rarus (lat.) = ungewöhnlich, selten

Aus dem ITALIENISCHEN stammen z. B.:

Gåtzn:	Schöpflöffel; cazza (ital.) = Pfanne, Kelle
Katzlmocha:	Abwertende Bezeichnung für Italiener. Viele Italiener zogen früher als Pfannenflicker durchs Land s. o.
maggn:	drücken; maccare (ital): quetschen
Marend:	Nachmittagsjause, marenda (ital):?
schtampan:	verjagen; stampare (ital.): stoßen
Tschigg:	Zigarette, Kautabak; cica (ital): mundvoll
Zuuzl, zuuzln:	Schnuller, saugen; succhiare = saugen

Aus dem FRANZÖSISCHEN haben sich u.a. eingebürgert:

o-tschappian:	abhauen, verschwinden; echapper (franz.)
olle Puut:	alle Augenblicke; a tout bout (franz.)
Bagaasch:	Gesindel; bagage (franz.) = Gepäck, Tross
deschparat:	verzweifelt, verzagt; desesperer (franz.) = verzweifeln

Praktische Redewendungen

Im Wirtshaus, auf der Hütten und beim Wandern

Håbts då nu a Platzl fia ins?   Haben Sie noch einen Sitzplatz für uns?

Kemma ins zunahock*ch*n?   Dürfen wir uns zu Ihnen dazusetzen?

Ruc*kch* ma hålt zsåmm! -   So rücken wir doch alle zusammen!

Je gleima umso feina!   Je enger, desto gemütlicher.

Hock di zuacha (zuuna) oda bisch ds-gschamig   Keine Scheu, setz dich nur her zu uns.

Hock di hear då an Årsch voll!   Setz dich eine Weile her.

Rutsch a bissl!	Seien Sie doch so freundlich und rücken Sie bitte ein wenig zur Seite.
Trau di lei hear då zu ins oda håsch Schiss!	So trau dich doch her zu uns, oder hast du etwa die Hosen voll?
Mia håmm nu neamb gfressn!	Wir haben bisher noch niemanden aufgefressen!
Wås gibs`n Gscheits zun hawan?	Was gibt es denn Gutes zu essen?

Heit hatt ma a Schweinas.	Heute haben wir einen Schweinsbraten.
I brauch wås zwischn die Zend!	wörtl.: Ich brauche etwas zwischen den Zähnen, d.h. Ich habe Hunger.
Hu i heit an Koli!	Mich hungert enorm!
Bring ins decht die *Kch*årtn!	Bring uns doch bitte die Spielkarten bzw. Speisekarte

Bitschea, bring ins fia Glasln und an Saumogn.	Bitte, bringen Sie uns 4 Gläser und einen Aschenbecher.
I mecht a Bia und a Schnapsl!	Ich hätte gerne ein Bier und einen Schnaps (Klaren).
I hu an Hunga wia a Bäa und an Durscht wia a Schtåbsoffizier!	Ich habe Hunger wie ein Bär und einen Durst wie ein Stabsoffizier.
Tua hea nu a Hålwe!	Bringen Sie mir bitte noch ein großes Bier (= Krügel; 0,5 Liter)!

Kimbs Essn heit nu?!	Können wir heute noch mit unserem Essen rechnen?
Bring decht a Packtl *Kch*årtn, mia måchn an Watta bzw. an Schnåpsa.	Bringen Sie doch eine Packung Spielkarten, wir spielen eine Runde.
Måch ma an Watta?	Machen wir noch ein Kartenspiel. („Watten" = ein beliebtes Tiroler Kartenspiel)

Schpielt heit nit die Musig?	Spielt heute keine Musik?
Wås ischn deis fia a loamsiadate Musig?	Was ist das für eine langweilige Musik/Band/Musikgruppe?
Schpielts amol wås Gschearts, bzw. Flotts, bzw. an Schleicha!	Spielt doch etwas Rustikales, bzw. etwas Flottes, bzw. etwas Langsames (= Schmusesong).
Måchsch mit mia a Tanzl! Auf geats! Gemma oan draan!	Möchtest du mit mir tanzen? Komm, lass uns tanzen!

Wo isch`n do s´ Heisl?	Wo ist denn hier das WC?
I muaß mein Learbuam beitln.	Ich muss meine Blase entleeren.
Reiß aussa an Ziacha (die Zugin) und schpiel oan auf!	Nimm doch bitte dein Akkordeon zur Hand und spiel für uns.
Nimm decht die *Kch*låmpfn bzw. Kitar, nå jodl(-n) ma oan.	Nimm deine Gitarre, dann jodeln wir ein Lied.

Schpielts amol wås Schneidigs!	Spielt doch etwas mit Power!
Kuusch nit a poar hetzige Gschtanzln oda Schnodahipfln?	Kannst du nicht einige lustige Gstanzln oder Schnaderhüpfln bringen?
Bleib hålt nu a bissl hockn, du Hoamreara!	Bleib doch noch etwas sitzen, du Langweiler!
Firchsch di eppa vo deina Åltn?	Hast du etwa Angst vor deiner Frau?

Håsch du übahaup koa Hoamgea?	Du willst scheinbar gar nicht nach Hause gehen, du Nachtvogel.
Håsch du koa Dahoam?	Hast du kein Zuhause?
Du håsch oba a guats Sitzleda!	Du hast aber ein gutes Sitzfleisch!
Wenn dei Manda amål hintars Kårtn kemman, hearn`s koa Schlågn und koa Leitn mea.	Wenn die Männer einmal mit dem Kartenspielen beginnen, hören sie das Läuten der Kirchenglocken nicht mehr.

Iatz gea i owa hoam! I muaß mi nu a bissl aufs Oa haun, sunscht bin i morgn gånz welch!	Jetzt gehe ich aber. Ich sollte noch ein wenig schlafen, sonst bin ich morgen völlig übermüdet.
Sei koa Loamsiada und bleib nu a bissl!	Sei kein Spielverderber bzw. Langweiler und bleib doch noch ein wenig!
Mia genn ålle mitnånd!	Wir gehen gemeinsam!
So, iatz åwa aussi mit eich, Schperrschtund isch!	So, jetzt aber hinaus mit euch, wir haben Sperrstunde.

Beim Einkauf

Wo isch´n då s´neggschte Gschäft, bittschen?	Könnten Sie mir bitte sagen, wo ich hier das nächste Geschäft finde?
Metzga **Bec*kch* (-a)** **Supamårkt**	Fleischhauer Bäcker Supermarkt
Wenn måchtn (schperrtn) da Bec*kch* auf?	Wann sperrt denn der Bäcker auf?
Wo kriag i denn då Zigrettn?	Wo kann ich denn da Zigaretten kaufen?
Håbbs eis a eppas zun Lesn?	Führen Sie auch diversen Lesestoff!

Deis passt åwa wia u-gossn!　　Das sitzt (passt) wirklich perfekt.

Mechtns eppas Billigs, oda solls wås Gscheits sein!　　Wollen Sie eher etwas Günstiges oder legen Sie Wert auf Qualität!

Då hatt ma gånz eppas Neis (Nuichs)!　　Da hätten wir ganz etwas Neues!

Schaug di lei a bissl um!　　Sehen Sie sich nur ein wenig um!

Mia måchn eascht um Siime zua!　　Wir schließen erst um 7 Uhr!

Deis isch a bissl zkloan, mia wean schu nu wås findn, wås da bessa passt.　　Das ist ein wenig zu klein, mal sehen, ob wir etwas Passendes finden!

Wås koschtn deis do?　　Was kostet denn das hier?

Håbbs deis a a bissl kloana?	Haben Sie das auch etwas kleiner?
Schliafns decht amol eini!	Probieren Sie doch mal!
Deis isch ma ztoia!	Das ist mir zu teuer!
I mecht deis Hemmat zruggi geim, då faalt a Kneipfl.	Ich bringe dieses Hemd zurück, es fehlt nämlich ein Knopf.
Ku i dei Schuach umtauschn, sie gfålln an Meinign nit!	Kann ich die Schuhe umtauschen, sie gefallen meinem Mann nicht!
Sie kennen gean mit a *Kch*ortn zååln!	Sie können auch gern mit Kreditkarte bezahlen!
Då håmm`S die Aussagåb! Då håsch die Aussagåb!	Hier ist ihr Restgeld.

Begüßung und Kontaktaufnahme

Griaß Goud!	Guten Tag!
Guatn Morgn!	Guten Morgen!
An schean Tåg!	Einen schönen Tag noch!
An schean Nåmmitåg!	Einen schönen Nachmittag!
Schean Åbnd!	Schönen Abend!
Guate Nåcht!	Gute Nacht!
Schlåff(z) guat!	Schlaf(t) gut!
Traam (traamts) wås Scheas!	Träum(t) was Schönes!
Auf Wiedaschaugn!	Auf Wiedersehen!
Mia sechn ins!	Wir sehen uns!
Bis båld!	Bis bald!
Bis schpåta!	Bis später!
Bis zum negschtn Måi!	Bis zum nächsten Mal!
Pfiat Goud!	Auf Wiedersehen!

Griaß di, Seawus	Grüß dich (vertraut), Servus
Pfiat di, Seawus	Leb wohl! (vertraut), Servus
I bi da Sepp, und wia hoasch du?	Ich bin der Sepp, und wie heißt du?
Deis isch åwa a scheana Nåmm!	Das ist aber ein schöner Name!
Gemma nu auf a Glasl?	Darf ich dich zu einem Drink einladen?
Håsch (Håbs) heit schu wås vua?	Hast du (Haben Sie) heute schon was vor?
I tat di (Sie) gearn zu an kloan Fahrtl einlådn!	Darf ich Sie zu einer kleinen Spritztour einladen?
Derf i da a bissl insar Dorf zoagn?	Darf ich Ihnen ein wenig unser Dorf zeigen?
Du hosch åwa zwoa scheane Augn, oans scheana wiars åndare!	Du hast aber zwei schöne Augen, eines schöner als das andere!

Mei, hosch du a guats Gschtell!	Mensch, hast du eine tolle Figur!
Wia waars mit ins zwoa?	Wie wär´s mit uns beiden?
Hau ma ins auf a Packtl?	Tun wir uns zusammen?
A so a guata Hås!	So eine kesse Biene!
Kimmsch nu auf a Schpringal zu mia?	Kommst du noch kurz zu mir herein?
Wenn i dia in deine Gugga schaug**, kriag i gånz woache Knia!**	Wenn ich in deine Augen schaue, werde ich ganz schwach!
I tat di am liabschtn a bissl zuna-maggn!	Ich würde dich am liebsten fest an mich drücken!
Schaug **mi nit so u, sunscht wea i schwåch!**	Schau mich nicht so an, sonst werde ich noch schwach!
Bisch du åwa a liaba Bua!	Bist du aber ein netter Junge!
Geesch a Schtickch**l mit mia?**	Gehst du mit mir ein Stückchen?
Loan di hålt a bissl zuna!	Möchtest du dich nicht etwas an mich schmiegen?

Am liabschtn tat i di å-bussln!	Darf ich dich küssen?
Wennd mi no lång a so u-schaugsch, buss i di nu üwarn Haufn!	Wenn du mich noch lang so anschaust, muss ich dich einfach küssen!
Bisch du owa a liabe Giitsch! (a liabs Putzal)	Bist du aber ein liebes Mädchen!
Seich ma ins morgn wieda?	Könnten wir uns morgen wiedersehen?

Konfliktsituationen

Bisch heit åwa zwiida!	Bist du heute aber übel gelaunt (schlecht drauf)!
Wås håsch denn heit fia an Grant!	Warum bist du denn heute so schlecht gelaunt!
Gib amål a Ruah, Zwiidawurzn!	Gib endlich mal Ruhe, du miesepetrige Person!
Måch nit ållaweil so a Gfaar!	Mach nicht immer solche Probleme.
Vaschwind, åwa gaach!	Verschwinde, aber plötzlich!
Gee weckch, sunsch måch i da Haxn!	Geh weg, sonst mach ich dir Beine!

Måch di!, Va-zupf di!, **Hau oo!, Va-roll di!,** **Schleich di!**	Verschwinde!
I wea da schu zoagn, **wo da Bartl in Moscht holt!**	Ich werde dir schon zeigen, wo's lang geht!
Wås zwiidasch mi denn **ållaweil u!**	Warum stänkerst du mich denn immer an!
Måch koane Tånz **(Schpergamentln)!**	Mach keine Probleme!
I wea da deine Tappm **scho nu austreim!**	Ich werde dir deine Flausen schon noch austreiben!
I wea glei å-foarn mit dia, **du Rotza!**	Ich werde dich schon noch klein kriegen, du Rotzlöffel!
Måggsch di heit selwa nit?	Du magst dich heute wohl selbst nicht!
Bisch heit mitn linggn Fuaß **aufgschtåndn!**	Du bist heute wohl mit dem falschen Fuß aufgestanden!
Kundsch eppan åndan tratzn!	Ärgere doch jemand anderen!
Pflanzn kuusch an åndan!	Necke doch jemand anderen!
Du hausch mi auf!	Du kostest mich die letzten Nerven!
Gee mi nit un! **Gee ma nit aufn Wecka!** **Zipf mi nit u!**	Geh mir nicht auf die Nerven!

Du koschtasch mi meine letschtn Hoa!	Du kostest mich meine letzten Haare!
Dei Sumsarei kunn i schu nimma hearn!	Dein Gejammere kann ich schon nicht mehr hören!
Hålts zsåmm, ålte Keppltant!	Sei doch endlich still, du alte Kepplerin!
I wea dia schu nu Fiaß måchn!	Ich mach dir gleich Beine!
Schaug, dass weita-kimmsch!	Schau, dass du weiterkommst!
Håb nit ållaweil a so an Gneat!	Hab doch nicht immer so eine Eile!
Wås plearschn schu wieda?	Was heulst du denn schon wieder!
Håsch wås gschtohln, dass di so gschleinsch?	Hast du etwas gestohlen, dass du dich so beeilen musst?
Måch decht amål dei Pawalatschn auf!	Sag doch endlich mal was! So mach doch mal den Mund auf!

**I wea di schu nu dahi
bringan, wo I di håm mecht!**

Ich werde dich schon noch
zurechtbiegen!

**Hea amol
auf peffln!**

Hör doch endlich
auf zu keppeln!

**Schperr decht deine Oawaschl
auf, wenn i dia wås såg!**

Hör doch zu, wenn ich mit dir
spreche!

Wås gåffsch denn so bleid!

Was schaust du denn so doof!

**Wås måch´schn heit fia
a bleids Gfrieß hear!**

Wie schaust du denn heute
drein!

**Ziach decht nit ållaweil so
a Murfl!**

Schau doch nicht immer so
verdrossen!

Reiß di zsåmm!

Sei doch brav!

**Schperr decht deine Schprotza
auf, sunscht fliagsch nu då o-i!**

Sperr doch deine Augen auf,
sonst fällst du noch da runter!

**Harrdi gatti,
wia schaugsch`n heit drei!**

Herrschaft noch mal,
wie schaust denn du heute aus!

Du håsch wohl an Schprung in da Marilln!	Du bist wohl nicht ganz normal!
Mai, håsch du an schtuurn Grind!	Mensch, bist du ein Dickkopf!
Schtuurschädl, fahellta!	Sturschädel, unverbesserlicher!
Måch koane Lazi, sunsch ziach i di bei di Leffl (Oawaschl)!	Mach keine Dummheiten, sonst zieh ich dir die Ohren lang!
Tua gscheit, sunsch håts an Egg!	Benimm dich ordentlich, sonst kriegst du Probleme mit mir!
I wea dia die Wadln schu nu fieri richtn!	Ich werde dich schon zur Besinnung bringen!
Dem Lausa muaß i iatz amål die Levitn lesn.	Diesem Lausejungen muss ich einmal ordentlich meine Meinung sagen!

Tiroler Orientierungshilfe

aina, aicha [ZT], inchn (ÖT) hinein, herein

ins, ains [ZT] ins, in das …

aufi, au-i hinauf, aufwärts

aussa heraus

aussi hinaus
Gemma aussi! lass uns hinausgehen

aussn draußen

då, dåda hier

dåhear daher

dåhin dorthin

driwa, driwabei darüber

drunta, druntabei darunter, drunten

entn, drentn, herentn drüben, herüben, da;
Do entn isch wås los! Hier drüben ist der Bär los!

firchi (UL) vorne
I foa firchi Ich fahr nach vorne/überhole.
Kimm fircha! Komm heraus!

voarn ganz vorne

hintn, hintabei	hinten, dahinter
innan, innabei	drinnen
innan ischs schian	drinnen ist es schön
ins	hinein
aaschling(-s)	rückwärts
owabei	oberhalb
untn	unten
z`untrigscht	ganz unten
achling (ZT)	rückwärts
odürch (ZT)	hinweg, fort
o-i, obi, o-wi	hinunter
oichi (UL)	hinunter
o-a, oba, o-wa, ocha	herab, herunter
rundum, rundummadum	rundherum
umadum	umher
ummi, onchen(OL), umma	hinüber, herüber
unta	unter, darunter
untabei, drunta	unterhalb

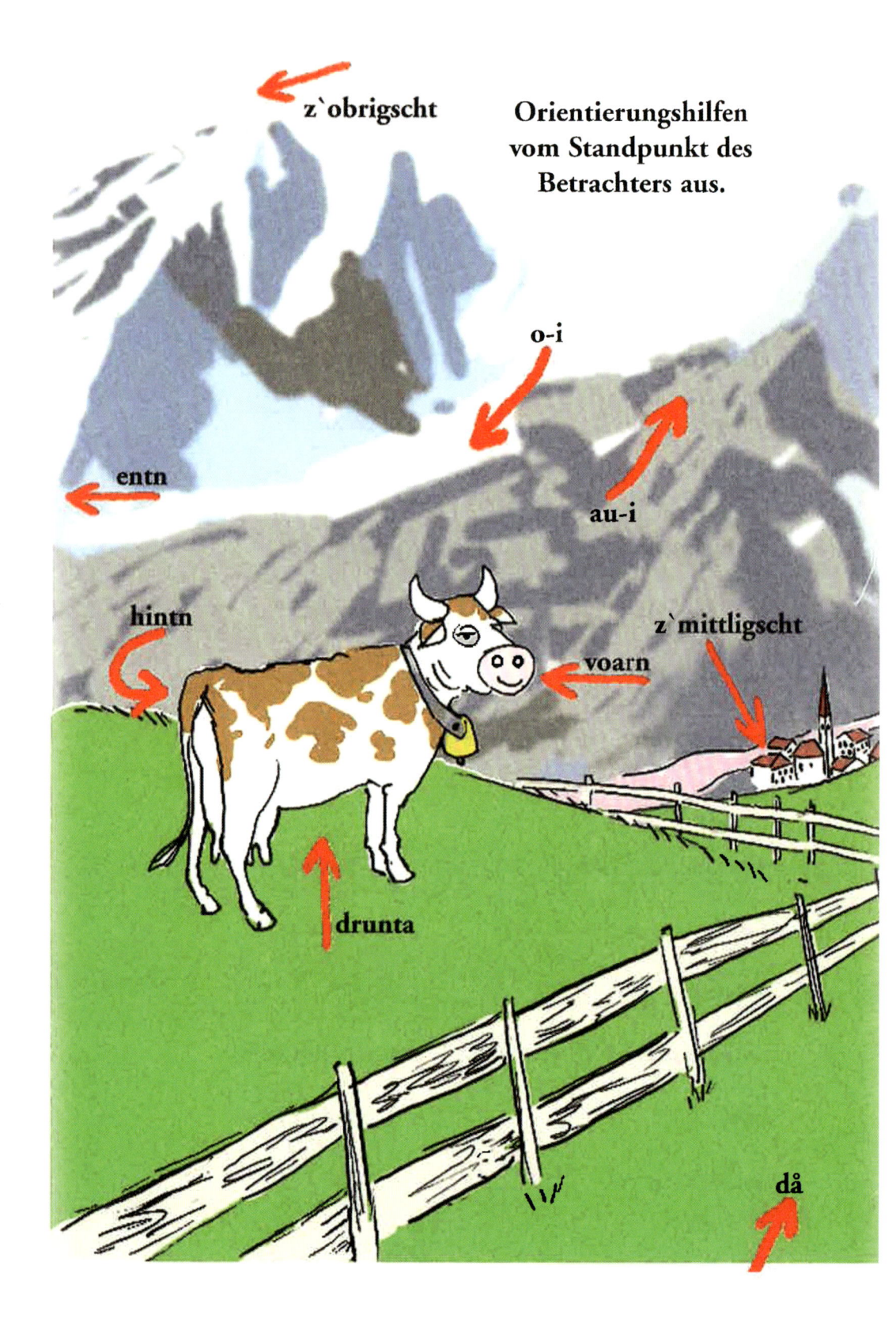

Orientierungshilfen vom Standpunkt des Betrachters aus.

- z´obrigscht
- o-i
- entn
- au-i
- hintn
- voarn
- z´mittligscht
- drunta
- då

oubm
driwa
drauf
untn
ummi
z`untrigscht
z`hintrigscht
untabei
eini
aussi

zrugg(-i)	zurück
zu-i, zu-ni zuawi, zuni, zuachi Foa lei nu a Schti*kch*l zuni!	näher heran, dran Fahr noch näher heran!
zu-a, zuaba, zuawa, zuna, zuacha, Hock di zuna!	her, herzu Setz dich her (zu uns)!
obrigscht, z`obrigscht	ganz oben
mittligscht, z´mittligscht mittligscht drein (innen)	in der Mitte inmitten, mitten drin
aschling	rückwärts

Tiroler Zeitangaben

iatz	jetzt
glei	gleich
Owa heit nu!	Aber ein bisschen plötzlich! Dalli-dalli!
nåcha	nachher, etwas später
schpata	später
heit	heute

z-naggscht	neulich
feacht (ZT)	voriges Jahr
dei̯ Woch nu	noch diese Woche
neggschte Woch	nächste Woche
neggschts Jåår	nächstes Jahr
letschte Woch(n)	vergangene Woche
geschtarn, nåchtn (OL)	gestern
u-fångs	anfangs, zu Beginn
båld	bald

Mensch, guck mal wie urig!

ållaweil	immer
koa End Es geed koa End hea.	endlos Es ist kein Ende abzusehen.
z-morgats (OL)	morgens
Nåmittåg	Nachmittag
z-åbats (OL)	abends
z´gschnåchts	in der Nacht
gschnåchts	gegen Abend
nia, niamåls	nie, niemals
darweil I hu koa Daweil	mittlerweile Ich habe keine Zeit
z-gleich	zugleich
oft, oftarn(UL)	dann, nachher
oftamål, a tia, adiam, atiamål	manchmal
a **påårmål**, an etla Mål	einige Male, etliche Male
salm (OL)	damals

Jahreszeiten

Fruajåår   Frühjahr   **Herwischt**   Herbst
    Langes   Herbscht

Summa   Sommer   **Winta**   Winter

Tage

Mutåg, Muntig, Menntig   Montag

Deaschtåg, Dianschtåg   Dienstag

Mittwoch, Mittåg   Mittwoch

Donnaståg, Donnaschtåg, Dunnaschtåg   Donnerstag

Freitåg, Freitig   Freitag

Somståg, Somschtig   Samstag

Sunntåg, Sunntig   Sonntag

Deis Tirola Madl

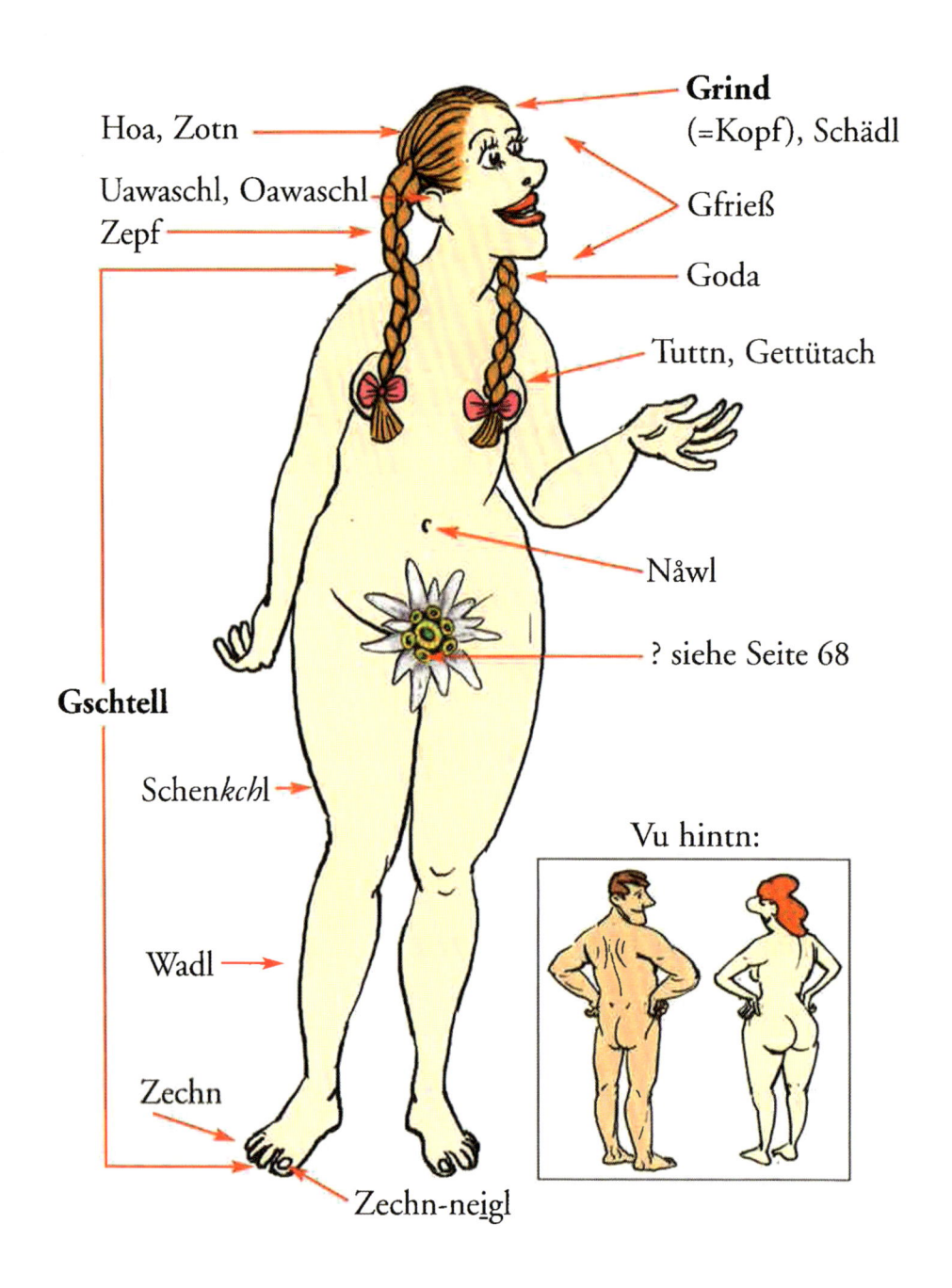

- Hoa, Zotn
- Uawaschl, Oawaschl
- Zepf
- **Grind** (=Kopf), Schädl
- Gfrieß
- Goda
- Tuttn, Gettütach
- Nåwl
- ? siehe Seite 68
- **Gschtell**
- Schen*kch*l
- Wadl
- Zechn
- Zechn-neigl

Vu hintn:

Dea Tirola Bua

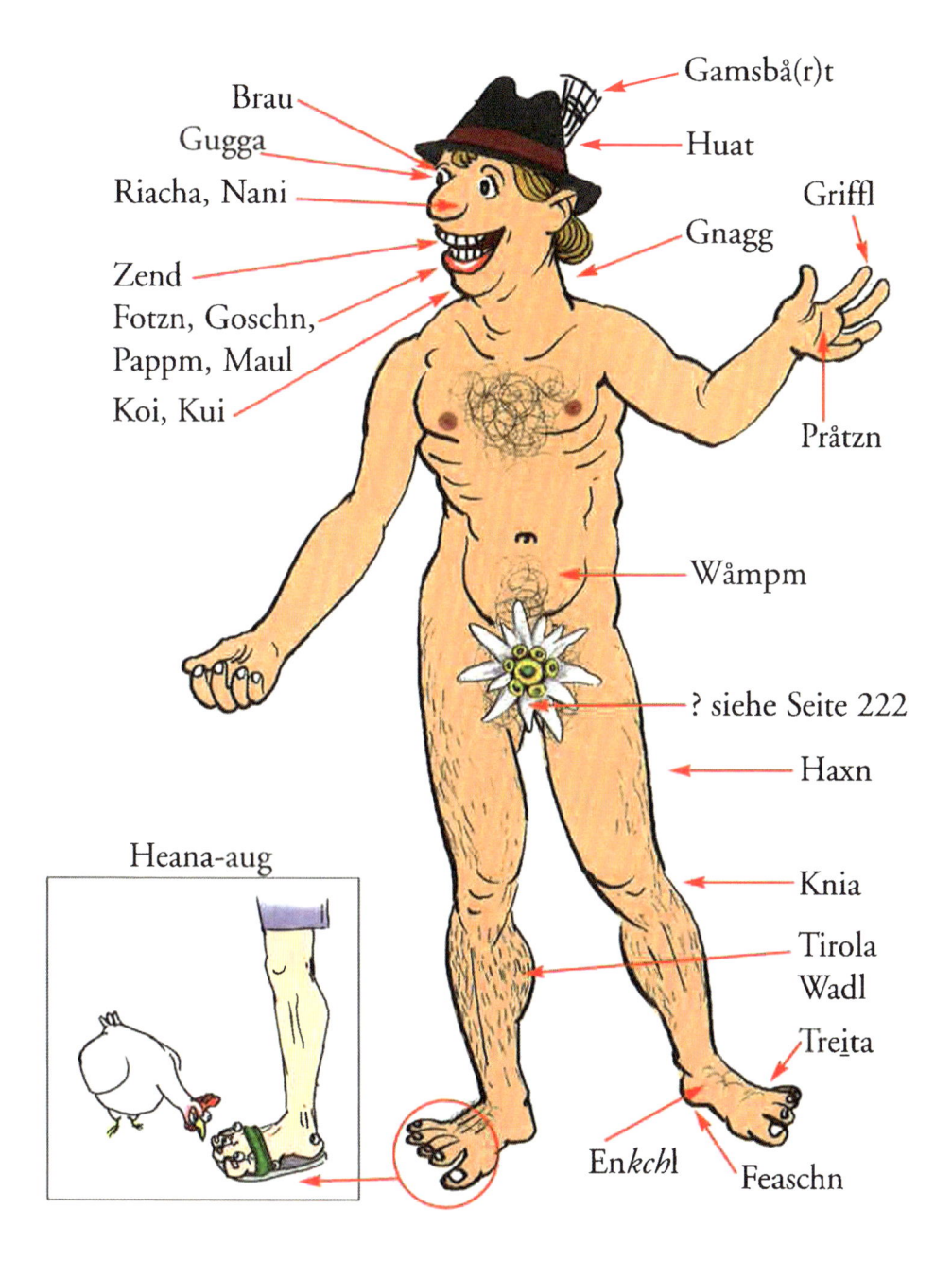

- Gamsbå(r)t
- Brau
- Gugga
- Huat
- Riacha, Nani
- Griffl
- Gnagg
- Zend
- Fotzn, Goschn, Pappm, Maul
- Koi, Kui
- Pråtzn
- Wåmpm
- ? siehe Seite 222
- Haxn
- Heana-aug
- Knia
- Tirola Wadl
- Treita
- En*kch*l
- Feaschn

Monate

Insbes. im ZT:	OL:
Jenna	Jänner
Feba, Fewa	Februar
März, Mächz	März (Frühjahrsmonat)
Aprill, Owrill	April (Ostermonat)
Mai	Mai (Wonnemonat)
Juni	Juni
Juli	Juli
Auguscht	August
Septemba	September
Oktowa, Oktoba	Oktober
Novemba	November
Dezemba	Dezember (Christmonat)

Mein Tiroler Wörterbuch

A

Acha*kch*ackta wörtl. „Heruntergehackter"; Spottwort für die Bewohner des Bezirkes Reutte (Außerfern), die größtenteils eine alemannische, bzw. eine alemannisch gefärbte Mundart sprechen

Åchtal ein 1/8 Liter Wein

ac*kch*rat akkurat, genau, ausgerechnet
ackchrat iatz ausgerechnet jetzt

a-diam(-ol) manchmal

A gee!, A gea! achso - ungläubig
Aa ge? achso - fragend

alloan(-ig) alleine
I bi hålt ollaweil alloa! Ich bin immer alleine!

Ålm Bergweide

ålm immer

Ålmdudla Kräuterlimonade, mischbar mit Wein und Bier

*Auf der Ålm gibts koa Sind,
solong koa Pforra auffi kimmb.*

altelen alt ausschauen, werden; nachlassen, auch: verdorben wirken

Deis tuat schåa a bissl altelen! Das wirkt schon leicht verdorben!

ameacht, feacht einst, früher

antan jmd. od. etw. nachahmen, -äffen

Tua mi decht niit ållaweil antan! Äffe mich doch nicht immer nach!

Antn
Anna, draa d'Antn um, bråt's ent a!

Ente
Anna, wende die Ente, brate sie auf der anderen Seite auch!

Äpfl-schtrudl

Apfelstrudel, Blätterteig mit geschnittenen Äpfeln, Rosinen, Nüssen (oder Brösel)

årg

schlimm

arschling(-s)

rückwärts, verkehrt

au(f)-drahn

etwas (zB Licht) einschalten, immer heftiger schimpfen, attackieren, mehr Gas geben

auf d' Nåcht
gschnåchts (UL)
afn-åbnt (OL)

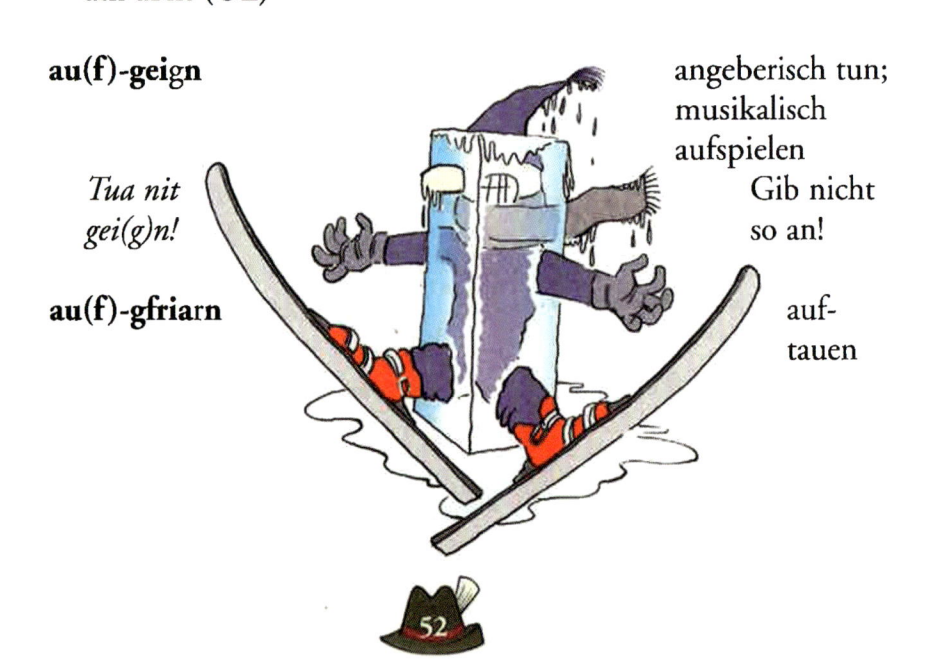

abends

au(f)-geign

angeberisch tun; musikalisch aufspielen

Tua nit gei(g)n!

Gib nicht so an!

au(f)-gfriarn

auftauen

au(f)-gschmeckt

Dei aufgschmeckte Henn håt lei ihre Huttn und Zottln im Schädl.

aufgedonnert, aufgetakelt
Diese aufgetakelte Frau hat nur ihre Kleider und Frisur im Kopf.

au(f)-gschmissn sein

nicht mehr weiterwissen, am Ende sein

au(f)-håm
Iatz homma 'n Huat auf!

aufhaben, tragen
Jetzt haben wir Probleme!

au(f)-haun

Gee hau mi nit auf!

hinfallen; sich verletzen; auf die Nerven gehen
Bitte, gehe mir nicht auf die Nerven!

au(f)-hausn

in Konkurs gehen

au(f)i-werfn

hochwerfen

au(f)-krautn

zerlegen, kaputt machen; auch: abarbeiten

auf-kemman
Ea låsst'n nit auf-kemman.

aufkommen
Er lässt ihn nicht aufkommen (stark werden).

au(f)-lupfn
Da-lupfsch du mi iwahaupt au(f)?

aufheben
Bist du überhaupt imstande, mich aufzuheben?

aua-lupfn	heraufheben
au-i-lupfn	hinaufheben
au(f)-mandln	aufbegehren
Tua nit auf-mandln!	Spiel dich nicht so auf!
au(f)-muggn	aufbegehren
au(f)-mucksn	
au(f)-redn, au(f)-rein	aufreden, im Schlaf reden
au(f)-reißn	ein Kuvert aufreißen; sich ein Mädchen anlachen
Den guatn Hås wea i ma aufreißn!	Dieses hübsche Mädchen werde ich mir anlachen!
au(f)-rinnan	in Konkurs gehen
Iatz isch schåa wieda åana auf-gronnan!	Jetzt ist schon wieder jemand in Konkurs gegangen!
au(f)-schpilln, au-schpieln	(zum Tanz) aufspielen
Manda, schpielts åan au(f)!	Burschen, spielt (zum Tanz) auf!
au(f)-schtelln	stürzen
Den hots owa saggrisch auf- gschtellt!	Der ist aber böse gestürzt!
au(f)-setzen	aufsetzen
au-setzn	

au(f)-tagglt — (übertrieben) herausgeputzt sein
Taggl di decht nit ållaweil so auf! — Putz dich doch nicht immer so übertrieben heraus!

au(f)-zwickchn — stänkern, provozieren
Meggsch du mi eppa au(f)-zwickchn? — Willst du mich womöglich provozieren?

auffi-ziachn — hinaufziehen

aus-aparn — schneefrei werden

aus-fiesln — von einem Knochen das letzte Fleisch heruntergnagen oder -schaben

aus-fratschln — aufdringlich ausfragen
I loss mi nit aus-fratschln! — Ich lass mich nicht ausfragen!

aus-gfuxt sein — mit allen Wassern gewaschen sein
Deis isch holt a aus-gfuxts Mandl! — Das ist ein ganz besonders Schlauer!

aus-gschambt — unverschämt, ordinär
Tua nit so aus-gscham(b)t! — Benimm dich nicht so schamlos!

Aus-gschau — Zustand, zB einer Wohnung
So a Ausgschau! — So eine Unordnung!

aus-gschissn — Gunst (endgültig) verlieren
Du hosch bei mia aus-gschissn. — Ich mag dich nicht mehr.

aus-håltn	etwas aushalten, vertragen, den Unterhalt für jmd. bestreiten
aus-liachtn	kleine Bäume aus dem Wald ausschneiden, unnütze Triebe entfernen
aus-ruck*ch*n	ausrücken; öffentlicher Auftritt der Musikkapelle, Schützen …
aussa-båchn	herausbacken
aus-sac*kch*ln	jmd. das Geld aus der Tasche ziehen
aussa-toan	herausnehmen
aussa-wurschtln	sich aus einer misslichen Situation herauswinden

Mia wean ins do scho irgendwia aussa-dawurschtln! Wir werden da schon irgendwie herauskommen!

aus-schlipfn ausrutschen

aus-schnåpsn sich etwas mit jmd. ausmachen
De̲is wea ma ins untara- Das werden wir unter
nånda aus-schnåpsn! uns ausmachen!

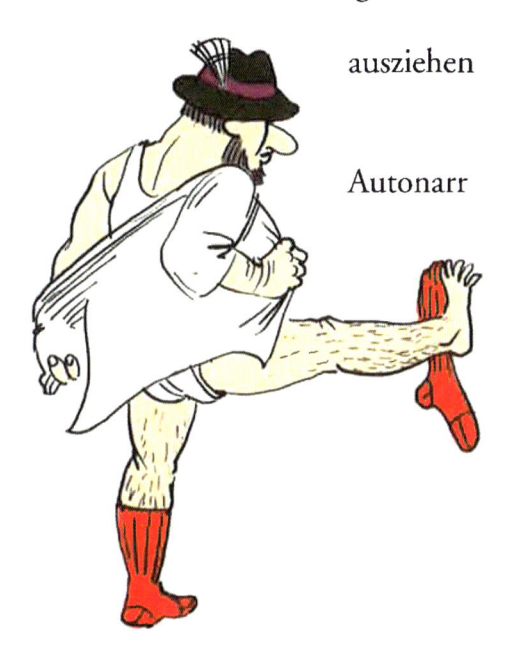

aussi-gråsn fremdgehen

aus-tåaln verteilen; beschimpfen
Wea auståalt, Wer ständig andere
muaß kritisiert,
a eischteckchn sollte auch selber
kennan! kritikfähig sein!

aus-ziachn ausziehen

Autolåpp Autonarr

B

Baam	Baum
Baam-hackl	arg verschmutzte, verkrustete Hautstelle
Wasch dia decht amål den Baam-hakchl vu die Fiaß!	Wasche dir doch endlich einmal deine total verschmutzten Füße!
Baam-pekcha	Specht
Baaz	weicher, klebriger Brei
baazig, batzigg	weich, klebrig
Bachal	Rinnsal
bachal-wårm	lauwarm
De Bria isch jå bachl-wårm!	Dieses Bier ist wohl etwas temperiert.
Båchhendl	Backhähnchen
bachln	urinieren
båchn	backen
a båchns Mandl	ein listiger Mann
Bådewaschl	Bademeister

baffn	(viel) rauchen
Bagaasch	Gesindel, Bagage
Boan	Knochen, Bein
båld, boid (UL) *Båld redsch so, båld so!*	bald; einmal Einmal sprichst du so, dann wieder anders!
båldamål *I kimm eh båldamål!*	demnächst, in Kürze Ich komme ohnehin gleich wieder!
bångat, bau(n)gat	bummelig
Bånkert	Schimpfwort i. S. Bastard
Bärndreck*ch*	Lakritze
baschtln zsamm-b.	basteln zusammenb.
Båtzn	teigartige Masse
Båtznheisl	kleines Gasthaus
Båtznlippl *So a Botznlippl!*	ungeschickter Mensch
Baunzn, Paunzn *Die Baunzn sein heit owa a bissl batzig!*	Kartoffelnudeln Die Kartoffelnudeln sind heute aber ein wenig zu weich!
bearig	bärig, toll

beas	böse, missmutig, schlecht gelaunt
Bec*kch*	Bäcker
Beeg	Fahrrad
So a bearige Beeg!	Das ist aber ein tolles Fahrrad!
beffeln	keifen, schimpfen
begln	bügeln
beinånda	beisammen
Beischl	Speise aus fein geschnittenen Innereien vom Rind
Beißwurm	giftige Schlange, Kreuzotter
Beißzongen	böse Frau, s. a. „Biißguarn"
Beitl	Beutel, Hodensack, auch: Schimpfwort für Schelm
Bendl	Korb
benzn	betteln, lästig drängen
Her decht amål auf zum Benzn!	Hör doch endlich auf zu betteln!
Bergfex	fanatischer Bergsteiger
Bergkaas	Hartkäse

Berglåpp	Bergnarr
betaggln	betrügen, übervorteilen
Betaggln loss i mi nit!	Betrügen kann mich niemand!
betrogn	betrogen; gefährlich, ungut
a betro(g)nes Weiwass	eine ungute Frau
Betschwesta, Betbruada	besonders eifriger Kirchgänger
Bett-schtått	Bett, Bettstatt
Biabl, Biawl	Büblein
biarschtln, birschtln	bürsten; saufen
Bichl	Bühel, Hügel
Des isch owa a letza Bichl!	So ein kleines Hügelchen!
Bieß	Gebiss
Bießguarn	streitsüchtige, „bissige" Frau
Bims	altbackenes Brot
Binggl	Beule
Wo håsch da denn den Binggl g-kcholt!?	Woher hast du denn diese Beule?

Birschl — Bürschchen
Birschl, i wea da schu zoagn, wo da Bartl an Moscht holt! — Bürschchen, ich werde dir schon zeigen, wo es lang geht!

Birschtl — Bürste

Bischl (-gschiar) — Blumen (-topf)
Bloama-gschier

bissl, a bissele — ein bisschen
syn.: a wench, a weng — ein wenig

bitzln — jucken, brennen

Bix — Büchse, Gewehr
Håt då nit a Bixl knållt? — War da nicht ein Gewehrschuss zu hören!

Blådar — Blase

blan(g)ig — lüstern, geil

Blattl — Blatt eines Buches, ein Zettel; Blatt einer Pflanze; Spielkarte

blattln — schlagen

Blattln
Blattlang
auch: Plattln — Mehlspeise aus Kartoffeln, Mehl, im Fett gebacken, serviert mit Sauerkraut

Bleaml — Blume, Blümlein

Blech	Witzwort für Geld
blechn	bezahlen
Blechn muasch du!	Bezahlen musst du!
Blechtrottl	scherzhaft für Computer

Ohne Blechtrottl geats heit hålt a nimma! — Ohne Computer kann man heutzutage nicht mehr arbeiten.

bleckat	bloß, pur, nackt
die bleckate Noat	die pure Not
die bleckate Ångscht!	die pure Angst
bleck*ch*azn, bleckchezn	blitzen, wetterleuchten
bleckfüassat	barfuß
bleidln	Spaß machen
Blesche	heftiger Schlag; Wunde
bleschn	schlagen, prügeln
Bletschala	Glückspilz
Bletschnkopf	

Bletschn	großes Blatt
die Bletschn hängen låssn	missmutig dreinschauen
a Bletschn håm	Glück haben
Bliatn	Blüte(n)
bliatn, bluatn	bluten
blitzn	blitzen; länger ausgehen, einen draufhauen
Bloam	Blume
Bluat	Blut
Bluatschink	Sagengestalt, die im Tiroler Lech (Fluss) lebt; Name eines populären Tiroler Musikduos
Bluatwiesn	eigentl.: Schlachtplatz
Gib a Ruah, sunsch gee i mit dia auf die Bluatwiesn!	Lass mich in Ruhe, sonst mach ich dich fertig!
blui-n, bloi-n	verhauen, bläuen
Reiß die zsomm, sunsch muass i di bloin!	Sei brav, sonst muss ich dich verhauen!
Blunzn	Blutwurst; dicke, unförmige Frau
Bluttl	aus den Fugen geratene Dame
Boa(-n)	Bein, Knochen

Boandl	kleiner Knochen
boa(n)-haggln	Tiroler Brauch: Auf dem Rücken liegend mit eingehakten Beinen die Kräfte messen
Trausch di boahaggln?	Getraust du dich mit mir ...?
boade	beide
Boanagschtell Boandlgschtell	dürre Person
Boandlkråma	sehr dünner Mensch = „Rippengespenst"; der Tod in Person
Boar boarisch s Boarische	Bayer bayrisch das Bayerische = Bayern
Fåhr ma amål ins Boarische aussi?	Machen wir doch einmal einen Ausflug nach Bayern?
a Boarischa	amüsanter Tiroler Tanz mit Partnerwechsel, bäuerlicher Tanz
boassn	schlagen, klopfen

boatn [ZT] syn.: wårtn	warten
Boat a bissl!	Warte doch mal!
Boxal	Kaminwurz, Hartwurst
braach	unbestellt
Brånd	Brand, Durstgefühl nach einem Rausch
Mai, hun i an Brånd!	Ach, hab ich einen Durst!
branntelen	nach Verbranntem riechen
Tuats do nit branntelen?	Riecht es hier nicht nach Verbranntem?
Bratl	gebratenes Fleisch
Bratlfettn	Bratenfett
Brau	Augenbraue
brausn	duschen
Gee di brausn!	Hau ab!
Breasl	Brot- und Semmelkrümel
Breatn, Broadn	die Breite
Sie isch in d`Breatn gångan.	Sie hat stark an Gewicht zugelegt.
Brem	Bremse (ein Insekt)
bremsig	geil, lüstern

Brennsuppn	Einbrennsuppe
brennt	gebrannt, raffiniert, mit allen Wassern gewaschen sein
Deis isch owa a brennts Mandl!	Das ist aber ein raffiniertes Kerlchen!
bresln	bröseln, krümeln
Bretschn	verächtlich für Gesicht, Mund
Brettljausn	Zwischenmahlzeit auf einem Holzteller serviert
Brezn	Breze
Brezngschtell	lächerliche Figur
Hot dea a Brezn-gschtell!	Hat der eine hagere Figur!
Briaftaschn	Geldbörse
Briaftråga	Postbote
britschln	planschen, plätschern

broat	breit
Brock*ch*n	Brocken, Stück, Felsblock
a Brockchn Brot	ein Stück Brot
a Brokchn von an Lota	ein Hüne von einem Mann
dea isch a rechta Brockchn	ein übergewichtiger Mensch
brock*ch*n	pflücken
a Bloam brockchn	eine Blume pflücken
Brodlerin	Leitkuh beim Almabtrieb, -auftrieb
brodln	prahlen
iatz brodlts	jetzt wird's brenzlig
Bruathenn	Bruthenne; besonders fürsorgliche Mutter
Bruggn	Brücke
Brunzbuschn	vulgär für die Schamhaare der Frau
brunzelen	nach Urin riechen
brunzn	urinieren
brutzln	brutzeln
I hea schu wias brutzlt.	Ich höre schon, wie es brutzelt.
b-scheissn	betrügen

Bschteck
Da Pfårra vo Bschlaps håts Bschteck z-schpat bschtellt.

Besteck
Der Pfarrer von Bschlaps (Ort in Tirol) hat das Besteck zu spät bestellt. (Zungenbrecher)

Bsuuf

Säufer

Wennsch so weitamochsch, weasch nu zum Bsuuf!

Wenn du so weitermachst, wirst du noch zum Säufer!

Bua, Bui

Bub

Buach
Bua, les amål a Buach!

Buch
Junge, lies doch einmal ein Buch!

Buggl
Rutsch ma an Buggl owa!

Buckel, Rücken
Rutsch mir den Buckel runter!

bugglat

buckelig

buggl-fünfan

Du kunsch mi buggl-fünfan!

Rutsch mir doch den Buckel runter! Du kannst mich ein- für allemal gern haben.

buggl-kraxn

jmd. am Rücken tragen

Buggl-kraxn

Tragekorb am Rücken

buggln schwer arbeiten
Heit hun i åwa bugglt! Heute musste ich aber schwer arbeiten!

buisnweis, boisnweis manchmal, zeitweise

bu*kch*n sich bücken; verneigen; koitieren

Bummele, Bummale Verlustpunkt beim Kartenspiel
Muaß i imma Muss denn immer ich der
s Bummele håm! Verlierer (Benachteiligte, Gefoppte, ...) sein?

Bundl Kanne
a Bundl voll Grantn ein volles Kännchen Preiselbeeren
a Bundl voll Bloama ein Blumenbund

Burgl, Burgi, Burgei (UL) Notburga, Walburga

Bursch junger (lediger) Mann, Bursche

Buschn Busch, Strauß

buschtsigagln einen Purzelbaum schlagen

Bussl (flüchtiger) Kuss

bussn, bussln küssen
I kannt di gråd å-bussln! Ich würde dich am liebsten abküssen!

Butta	Butter
buttan	Butter machen
Buttaschmålz	Backfett aus geklärter Butter
Butzele	Baby, Kleinkind
butzig	etwas Niedliches; niedlich
Butzn	Samengehäuse bei Apfel, Birne, ...
zomp Butz und Schtingl	mit allem Drum und Dran

D

da-bresln	etwas zerbröseln, zerkrümeln
da-fångan	sich erholen, aufrappeln
da-fäuln	verfaulen
da-findn	erfinden, entdecken
da-frian	erfrieren
da-fruan	erfroren
Du bisch owa a Dafruane!	Du hast aber schnell zu kalt!
dafun-laffn	weglaufen
Daggl	Dackel
ålta Daggl	alter Mann
da-grattln	jmd. zornig machen
Da-grattl mi jå nit!	Mach mich bloß nicht zornig!
dahoam, hoam	daheim, heim

da-kugln — zerkugeln; zu Tode stürzen
I kunt mi da-kugln voa lauta Lochn. — Ich kann mich vor Lachen nicht mehr halten.
ea hot sich da-kuglt — Er ist tödlich abgestürzt.

dållgat — ungeschickt, tollpatschig
Du dållgata Bua — Du ungeschickter Junge!

da-loadn — trübsinnig machen
Iatz da-loadats mi nåcha! — Jetzt hab ich aber endgültig genug.

da-longan — erreichen

da-luxn — etwas ausfindig machen; eine günstige Gelegenheit am Schopf packen
Deis wea i eam nu å-luxn. — Das werde ich ihm noch abnehmen.

damisch — benommen, dumm, wütend, verrückt, leicht benebelt (zB nach einem Sturz)
Du damischa Hund! — Du verrückter Kerl!

dampfig — betrunken sein

Dampfl — Vorteig für Germteig; leicht angetrunken sein

Dåmpfplaudara einer, der viel (meist Unnützes) daherredet, Angeber

dånkch-schia, dångschea dankeschön

dar-lottart zerfallen, in gebrechlichem Zustand
a da-lottate Hittn ein zerfallenes Haus

dar-påkchn etwas schaffen, aushalten
De̲is wea ma schu da-påkchn! Das werden wir schon schaffen!

dar-tetschn zerdrücken, erschlagen
syn.: da-druckn
Da-tetsch decht de̲i läschtige Wepsn! Erschlag doch diese lästige Wespe!

Deis isch **dar-schtunkchn** und da-lo(g)n. eine absolute Lüge

Darwischelex, Dawischalaz das Fangenspiel
Schpiel ma Dawischalaz? Spielen wir Fangen?

dar-wischn — erwischen

datschln — zärtliche Berührung
Ge låss di a bissl å-datschln. — Lass dich ein bisschen streicheln.

Dåttamandl — gebrechlicher Mann
Bezeichnung für Erdsalamander

Daum — der Daumen
Damm

daweil — derweil, mittlerweile
I hu(n) koa Daweil. — Ich hab keine Zeit.

da-woartn — erwarten

da-wuuzln — zusammenknüllen
Heit dawuuzlts mi! — Heute wächst mir die Arbeit über den Kopf.

Schaugsch du heit da-wuuzlt aus! — Schaust du heute aber zerknittert aus!
auch: zsomm-wuuzln — einen Knäuel machen

da-zirnan, dazinan — erzürnen

decht (asch) — doch
Hock di decht a bissl zuawa! — Setz dich doch ein wenig her!

deis, sall (OL), sell — das (hinweisend), dies(-es)
Deis isch decht nit wåår! — Das ist doch nicht wahr!
Deis gibs do går nit. — Das darf doch nicht wahr sein.
Deis isch gkchupft wia gschprungan. — Das ist doch einerlei.

deitsch	deutsch
deixln	etwas zuwege bringen, schaffen
Deis wea ma schoa deixln!	Das werden wir schon schaffen!
dengln	dengeln; die Sense schärfen
denngg	links; ungeschickt
Bisch du a Denngga?	Bist du ein Linkshänder?
Tua nit so denngg!	Stell dich nicht so ungeschickt an!
Depp	Dummkopf
deppat	dumm
a deppata Bua	ein dummer Junge
derfn	dürfen
Detschn	Ohrfeige
Diarn	Magd; Aushilfskraft; Mädchen
Diarndl	Mädchen
Diandl	Kleidungsstück
Deandl	
Dianei (UL)	
a gschtiaschts Dianei (UL)	ein liebes, nettes Mädchen
diesig	dämmrig, nebelig
Diesl	Fieberkrankheit; Treibstoff
Bauchdiesl	Durchfall

*Då weat schu so
a Diesl uma sei.*

Zur Zeit sind mehrere davon erkrankt.

Dippl Beule

dirmlig schwindlig

dischkriarn, diskutian diskutieren; ein vertrauliches Gespräch führen

Dischkurs Diskussion, Streitgespräch

Då leigsch di niida! das ist ja allerhand
das haut mich um

doscht, då, dåda da, dort

Dodl Trottel

Doggl Hausschuhe; auch: Dummkopf

Dolm Dummkopf

Donna Donner

Doppla eine Doppelliterflasche Wein

doppln Schuhe mit einer neuen Fußsohle versehen

*Denn kusch untan Gea
die Schuach doppln.*

Der ist überaus langsam.

Dörcha   Zigeuner

Douzn   kleine Person
letza Douzn   kleines Kind

Douzn-hackn   Brauch bzw. Spiel für Kinder. Ein dicker, kurzer Kreisel, der von den Kindern für einen Groschen in Bewegung versetzt wurde.

„Leitln setzt´s ma an Grosch`n ins Kreasl, mei Douzn hupft wie a Tånnameasl!"   Setzte einen Groschen in die Mitte, mein Kreisel hüpft wie einen Tannenmeise.

draan   drehen
Gemma oan draan?   Gehst du mit mir tanzen?
Du kusch´s draan und wendn wiasd willsch!   Du kannst es drehen und wenden, wie du willst!

Dråchn   Drache
Haus-dråchn   Schimpfwort für böse Frauen

Dråht-esl   Fahrrad

drei, drein   drinnen

drei, drui   drei

drein-foarn   eingreifen
Heggschte Zeit, dass ma då amål drei-foan!   Höchste Zeit, dass wir hier einmal nach dem Rechten sehen!

drein-pfuschn   sich unerwünscht einmischen
Pfusch ma nit ållaweil drei!   Misch dich nicht dauernd ein!

drein-redn dazwischenreden
Ea låsst si va neamb dreiredn. Er lässt sich von niemandem etwas sagen.

drein-schlågn drauflosschlagen

Drekch Dreck, Schmutz, Wertloses
letza Drekch kleines Kerlchen
Deis geet di an Drekch u! Das geht dich einen feuchten Kehricht an!
we(g)n jedn Drekch låchn wegen jeder Kleinigkeit lachen
an Drekch va-schtea überhaupt keine Ahnung haben
we(g)n jedn Drekch beleidigt sein Wegen jeder Kleinigkeit beleidigt sein
Drekch-finkch Schmutzfink
Drekch-schleida Dreckschleuder, üble Nachrede
Drekch-sau Schmutzfink

drentn, entn drüben

drischakchn, drischaggn jmd. prügeln

driwa darüber
Dei låsst a an jedn driwa! Die schläft mit jedem!

driwa-strahn darüberstreuen
zum Driwa-schtraan nu a Schnapsl zum Abschluss noch ein Schnäpschen

droum	dort oben
dru*ck*hn	drücken; drucken
die Hånd druckchn	jmd. die Hand geben
Druckch di nit ållm!	Drück dich nicht immer (zB vor der Arbeit);
I druckch da glei oane!	Du kriegst gleich eine Ohrfeige!
Du liagsch jå wia druckcht!	Du lügst ja wie gedruckt!
I låss mi va dia nit ållm å-idruckchn!	Ich lass mich von dir nicht immer erniedrigen!
drunta	darunter
Då geets jo drunta und driwa!	Da geht es ja drunter und drüber!
druntn	unten
Du bleids Gfrieß!	Du unsympathischer Mensch!
Du schaugsch jå drei wia a Uhu nåch´n Wåldbrånd!	Was schaust du so belämmert!
du*ck*hn	sich bücken, ducken
dudln	mit einem Blasinstrument dilettantisch musizieren
Dulliöh	Rausch
dumpa, duschta	dunkel, finster
Es wead scho glei dumpa.	Es wird schon bald dunkel.

dunschtn	dünsten
Dusl	großes Glück; Rausch
So a Dusl!	So ein Glück!
So an Dusl!	So ein Rausch!

duttln	saugen
Duttn	Zitze bei Tieren, vulgär für die weibliche Brust

E

ead — öd, fad, schlecht
a eada Hegl — ein unangenehmer, unguter Mann
a eade Gsellin — ungutes Frauenzimmer

Eadäpfl — Kartoffeln
Hosch du Eadäpfl im Såck! — Du hast aber Glück!

Eadäpfl-wierla — Kartoffelsterz

Earöpfl a da Schåle (ZT) — gesottene Kartoffel s. a. „Schelfala"

ee — Zustimmung, richtig
Woasch ee! — Das weißt du ja ohnehin!
Ee klåa! — Ist doch sonnenklar!

egschtrig, egstrig — extra, besonders
Gråd egstrig! — Jetzt erst recht!

Egstrawuarscht — Wurstsorte
Muasch allaweil a Egstrawuascht håm! — Du musst wohl immer Sonderwünsche anmelden!

Eia-peck*ch*n	Osterbrauch: Gekochte Eier werden aneinander geschlagen. Derjenige, dessen Ei ganz bleibt, gewinnt.
Eia-schädl	Schimpfwort
Eia-schpeis	Rührei
Eia-schwammal	Pfifferling
ei-brock*ch*n	einbröckeln; sich oder jmd. in eine unangenehme Sache bzw. Situation bringen
eifan	eifersüchtig sein
eigln *Wea eiglt'n då eina?*	äugen, neugierig schauen Wer schaut denn da so neugierig herein?
eina	herein
eina-schaugn *Schaug hålt auf an Schprung eina!*	hereinschauen, besuchen Komm doch auf ein Sprünglein herein!
Ein-brenn	in Fett geröstetes, aufgegossenes Mehl, zB für Brennsuppe (= Einbrennsuppe)

ein-faatschn   verbinden (einer Wunde)
Faatschn   Mullbinde; Fasche, Binde

Muaß i di ei-faatschn?   Soll ich dich verbinden?

ein-gschpritzt   leicht betrunken

ein-haun   sich einschmeicheln; große Mengen gierig verschlingen

Eini-raunza   Schleimer, Schmeichler

eini-tåan, eini-tian [ZT]   „hineintun", hineingeben

eini-tåppn   in die Falle gehen
Sei gscheit und   Sei klug und fall nicht
tåpp nit eini!   drauf rein!

eini-theatan
I loss mi decht nit eini-theatan!

hineinziehen, hineinsteigen
Ich lass mich da nicht hineinziehen.

eini-tunkn

Håsch du mi då so eini-tunkt?

jmd. in eine Sache hineinziehen, jmd. beschuldigen
Hast du mich in dieser Angelegenheit so schlecht gemacht?

ein-såafn
insoafnen
Den wea ma heit amål teiflisch ei-såafn!

einseifen; jmd. betrunken machen
jmd. hineinlegen
Den werden wir heute einmal so richtig betrunken machen! auch: zu überreden versuchen

ein-scheim
Scheib ein!

mit Handschlag etwas vereinbaren
Schlag ein!

ein-schiabm

„einschieben"; einstecken

ei-påppm

jmd. fürsorglich pflegen

eis

ihr

Eisgålln
Bisch auf da Eisgålln aus-gschlipft bzw. aus-kruutscht?

eisige Stelle
Bist du am Eis ausgerutscht?

Eis-*kch*lachl

Eiszapfen

en*kch*

euch

En*kch*l

Fußknöchel

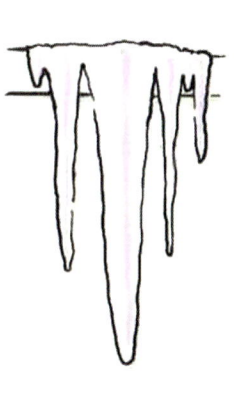

entn, ent, entabei, entahålb — drüben

Entriga — jmd. von drüben

Enzian — Gebirgsblume; auch: Enzianschnaps aus der Wurzel des gelben Enzians gewonnen

eppa — denn, etwa, womöglich

Wås moasch eppa du? — Was glaubst denn du?

eppas — etwas

Håsch eppas gsåg? — Hast du etwas gesagt?

erscht, eascht — erst

etla — etliche

an etla Tåg — einige Tage

F

faad   langweilig
faade Nockn, Sumsn   langweilige Person

Faadian   Langweiler
So a Faadian!

faal   falsch
du geesch faal   du liegst falsch

fåån, foarn, foon   fahren
I fåa mit dia ums Egg!   Ich werde es dir schon zeigen!

fåchn   fangen
Veigl-fåchn gia ma heit ...   Vögel fangen gehen wir heute ...
    (Beginn eines Tiroler Liedes)

Fåc*kch*   Schwein
    Fackl   Ferkel
    Facklsau   Muttersau

Fåc*kch*ala, Fokkala   unsauberer, unsittlicher Mensch
Du bisch so a Fåckchala!   Du bist ein Schmutzfink!

Fådn
Heit håts åwa an morts Fådn.

Faden, Zwirn; Kälte
Heute ist es aber besonders kalt.

fairig, foirig, fuirig

feurig

Faschiaz

Hackfleisch

Fåschingskråpfn

Germgebäck (zur Faschingszeit, bzw. Karneval)

fasln
Fasl nit so vill!

Nichtssagendes/Unwahres reden
Red nicht so viel dummes Zeug!

Fåsnåcht

Fasching, Carneval;

Fauscht

Faust

Faxn
Måch koane Faxn!

Blödsinn; Dummheit
Mach keinen Blödsinn!

feacht, feascht(UL)

letztes Jahr, früher

fearngln

lästig sein; reiben, wetzen, schaben; sich mit etwas intensiv beschäftigen

Mei Ålta isch a letza Feiara, dea håt dauand dahoam wås z`feangln.

Mein Mann ist absolut kein Partylöwe, der werkt lieber intensiv zu Hause herum.

Fearschn

Ferse

feascht

früher, damals

fechtn fechten; betteln
Hea amål auf fechtn! Hör endlich auf zu betteln!

Feia Fest

Feia-åmnd Feierabend

Feiara Partylöwe

Feichtn Fichte

Feigala Feigenkaffee

feigln unsicher sein
Då feiglts mi. Da bin ich mir unsicher.

Feinschpitz Feinschmecker

Feischtling Fäustling

Feitl Klappmesser

Fenschta Fenster

fenschtalan gea/gian   Das Fenster zum Schlafgemach der Angebeteten bzw. einer heimlichen Liebschaft aufsuchen, oft unter abenteuerlichen Umständen, meist mit dem Vorhaben, in trauter Zweisamkeit das Bett zu teilen.

Fenschta-luck*ch*n	Fensterladen
fesch	hübsch
a fesche Gitsch	ein hübsches Mädchen
feschtig	fertig
Fettn	Fett; Rausch
Håsch du owa a Fettn!	Hast du aber unverschämtes Glück!
Gea leckch di Fettn!	Das ist nicht zu glauben!
Fettnbruada	ein Glückspilz
Fetza	kurzer Regen
fetzalan	nach Urin riechen
Fetzkåchl	Nachttopf
fetzn	urinieren
Fetzn	Lappen, Tuch; Rausch; ein Nichtgenügend in der Schule;
Iatz hun i schåa wieda an Fetzn.	Jetzt habe ich schon wieder ein Nichtgenügend (einen Rausch)
fia	für
fiabarn, fiawan	fiebern; etwas ungeduldig erwarten, begehren
Heit fiawasch owa!	Heute bist du aber besonders ungeduldig!

Fidl	Violine, Geige
fidln	Geige spielen; bravourös beim Fußball dribbeln
figgn	Ausdruck für Geschlechtsverkehr
figgrig *Bisch heit owa figgrig.*	nervös, zappelig, erwartungsvoll Bist du heute aber zappelig.
Fill	Fülle für eine Speise
Filz	ungepflegte Haare
Fimml *Wås håschn gråd faroan Fimml mit dei̯ Fetzn.*	Leidenschaft, Tick, Marotte Für dich gibt es wohl nichts anderes als Kleidung.
firchi, fircha, firi *Gee firi! Kimm fira!*	vorne, nach vorne, hervor, heraus Geh nach vorne! Komm heraus!
Fisoln	grüne Gartenbohne
Fix laudan! *Fix laudan, a Ruah iatz!*	Fluchwort Verdammt noch mal, Ruhe jetzt!
fizln *Fizl decht nit so, sunscht kunn i's nit lesn!*	klein, unleserlich schreiben, genau und übervorsichtig arbeiten Schreib nicht so klein, sonst kann ich es nicht lesen.

flåckchn — gemütlich liegen, sitzen
Flåckch di hea do! — Setz dich her!

fladan — stehlen
Bei mia gibs nix zum Fladan! — Bei mir gibt's nichts zu stehlen!

flaggisch — unanständig, schweinisch
Tua nit so flaggisch! — Benimm dich nicht so ordinär!

Flåschn — Flasche, Ohrfeige

Flausn — dumme Angewohnheit
I wea da deine Flausn schu nu aus-treim! — Ich werde dir deine dummen Angewohnheiten schon noch austreiben.

Flaxn — Sehnen beim Fleisch
Deis sein jå lei Flaxn! — Dieses Stück Fleisch besteht ja nur aus Sehnen!

Fleach — Flöhe

Fleckchal — kleiner Fleck, Stoffrest

Fleckchalteppich — aus Stoffresten gewebter Teppich

fleckchat — fleckig

Flenggn — kleines Stück
an Flenggn aussa-reißn — ein kleines Srück herausreißen

Fliag o! — Hau ab!

fliagn	fliegen
Fliagn	Fliege
Flian(g)schiss,	Fliegenscheiße; etwas extrem
Floin(g)schiss,	Kleines, Unbedeutendes
Fluignschiss	Sommersprossen (scherzhaft)
Floin(g)tatscha	Fliegenwedel
Fluigntatsch (OL)	
Fliitschn	leichtes Mädchen; Schlampe
Flitschal	
Dei̯ isch owa a Fliitschn!	Sie ist aber eine Schlampe!
Flinsal	Flinserl, kleiner Ohrstecker, Schneeflöckchen
Floach	Floh
flumsn	jmd. hauen
Flumsn, Flumsa (OL)	Ohrfeige
Kriagsch glei a Flumsn	Du wirst gleich eine Ohrfeige kriegen!
foal hå(b)m, biatn	etwas zum Verkauf anbieten
Håsch dei̯s Kalbl foal?	Verkaufst du dieses Kalb?
Dei̯s isch ma nit foal.	Das will ich nicht verkaufen.
Foam, Fuam (OL)	Schaum bei Milch, Bier
Foamas (ZT), Vormas	Frühstück
foamasn	frühstücken

foascht, foast (UL)	feist, dick, fett
a foaschts Diandl	ein molliges Mädchen
a foaschte Fåckch	eine fette Sau
foppm	necken, zum Narren halten
Fopp mi nit ållm!	Halte mich doch nicht immer zum Narren!
Fotzn, Foz	Gesicht; Ohrfeige
ziach nit so an Foz	mach nicht so ein langes Gesicht
a liabe Fotzn	ein nettes Gesicht
Foutzhobl	Mundharmonika
Frås	schlechtes Essen; geschmacklich oder optisch undefinierbare Speise
fratschln	jmd. neugierig ausfragen
Fratschlweib	neugierige Tratschtante
Fråtz	ungezogenes Kind
Freind	Freund
Freindalwirtschåft	Wenn Freunde gegenüber anderen bevorzugt werden

fremdn	wenn sich Kleinkinder vor Fremden fürchten, Scheu zeigen
Fria, Frua	Frühe, Morgen
in da Fria	am Morgen
Fritattn	streifenförmig geschnittener Pfannkuchen (Suppeneinlage)
froah, frua	froh
Fuada	Futter; Fuhre
a Fuada Hei	eine Fuhre Heu
fuahr-werkn	dilettantisch hantieren
Wos fua-werksch denn so ummadum!	Was treibst du denn hier für eine dilettantische Arbeit!
Fuaß, Fiaß, Fuess	Fuß, Füße
I moch da Fiaß!	Ich werde dir schon Beine machen!
Fuata	Futter; Futteral
fuatan	füttern, essen
fuchtig	zornig, nervös, erbost
Moch mi nit fuchtig!	Mach mich nicht zornig!
Fuchtl	herrschsüchtige Frau
fuchtln	unruhig mit den Händen agieren

Fummel	nervöse Dame
Fun*kch*n	Funke
a blede **Funsn**	eine unsympathische Frau
furzn	einen Körperwind von sich geben, furzen
futsch	kaputt, jetzt ist alles aus
Iatz isch alls futsch!	Jetzt ist alles aus!
Fux passn	Wenn Väter ungeduldig auf die Geburt ihrer Kinder warten
fuxat	rothaarig, rötlich
fuxn	necken; ärgern
Hait fuxts mi owa	Heute klappt aber auch gar nichts

gaach schnell, plötzlich

owa aber
iats jetzt
gaach sofort

an einen
Gaachn Wutanfall
kriagn haben

gaaling (-sch) mit der Zeit, nach einiger Zeit
Gaaling weads schu Mit der Zeit wird alles wieder
wiida wean! gut!

Gaatsch breiiger Dreck, Kot
Schteig decht nit ållaweil Tritt doch nicht ständig
in Gaatsch! in den Dreck!

gåggezn stammeln, stottern

Gågglwerch minderwertige Arbeit

gamsig geil

Gangga, Ganggalar	kleiner Teufel, Krampus; scherzhaft für kleines, lebhaftes Kind
gårazn	krächzen; knarren
Gårezer	Stöhner, Ächzer
Gåtz	Schöpflöffel
Gaudafescht	Frühlingsfest in Zell a. Z. am ersten Sonntag im Mai
Gaudi	Spaß, Vergnügen
Måch ma ins a Gaudi!	Machen wir uns einen Spaß!
gchearig	angenehm
a gchearige Musi	ins Gehör gehende Musik
Gee, hea ma auf!	Ach, lass das doch!
Gee, le*kch* mi!	Ja, gibt´s denn sowas?

Gearschtl   Gerste
  Geaschtlsuppn,   Gerstensuppe
  Gaspragsuppn (OL)
  Du schaugsch aus wia   Du schaust aber heute
  a gspieme Geaschtn.   elendiglich aus.

gebm   geben
  du gibsch   du gibst
  ea gibb (geit-UL)   er gibt

Geila Schpechtla!   Geiler Spanner!
Geila Zåpfn,   lüsterner Mensch
geila Specht!

Geiß, Goaß   weibliche Ziege

gell, gall, ne   nutzlose Füllwörter, sie hilft dem Tiroler beim Überbrücken von Denkpausen

Geltsgott!   Dankeschön

Gemma!   Gehen wir jetzt! Mach weiter, aber rasch!

Germ	Hefe
geschtarn	gestern
Gfaar - Glass	übertriebenes Getue,
Håb nit so a Gfar und måch nit so a Glass!	tu nicht so übertrieben
gfierig - ungfierig	praktisch - unpraktisch
Gfrett	Problemsituation
Mit dia isch`s a Gfrett	Mit dir gibt es immer Schwierigkeiten
Gfrieß	Gesicht
a grantigs Gfrieß måchn	schlecht gelaunt ausschauen
giahn, geahn (UL)	gehen
Giftla	Drogensüchtiger, Giftler
giftn	sich über etwas ärgern
Kunn mi deis giftn!	Kann mich das ärgern!
Giggalar, Goggl	Hahn
giggln	gucken
Giitsch	Mädchen
gixn	hohe, unangenehme Töne von sich geben
Glaatsch	Schneematsch, weicher Boden

glabm, glaam
I glaab da nix mea!

glauben
Ich glaube dir nichts mehr!

glanggln, glaggln

Låss lei nit glaggln!

etwas locker, nachlässig nehmen; schlottrig, träge gehen
„Lass nur nicht nach!"

glei
I kimm glei!

gleich - mit kurzer Wartezeit
Ich komme gleich!

gleiga

beinahe

gleim

fest, zäh

Gloapats
Deis Gloapate kunsch da selba essn!

Speisereste, Übriggebliebenes
Diese Speisereste kannst du selber essen!

Gloggn

Glocke, Glöckchen

g-långan
Glång ma die Gåtz umma!
Miar g-långts!

gelangen, reichen
Reich mir doch die Schöpfkelle herüber!
Mir reicht´s!

glåtzat
glåzate Reifn
Glåtzata

glatzköpfig, glatt
Autoreifen ohne Profil
Glatzkopf

Gluat
Schaug auf die Gluat.

Glut
Pass auf die Glut auf!

gluat-ruad
a gluat-ruade Bian

glutrot
ein hochroter Kopf

glu*kch*arn	das Schreien der Henne bevor sie das Ei gelegt hat
Glumpp, Glumppat	wertloser Plunder
gluuschtig	auf etwas Lust haben, etwas wollen
gmiatlich	gemütlich, bequem
Måch da`s gmiatlich!	Mach es dir bequem!
Gnagg	Nacken, Genick
Du weasch mi glei im Gnagg hom!	Du wirst mit mir gleich Probleme bekommen!

Gneat	Eile
an morts Gneat	in großer Eile
gneatig	eilig
gneissn	etwas überlauern, erkennen
Bitzgneissa	Schnelldenker

Goaß	Ziege, Geiß
Goaßa	Ziegenhirte
Goassl
Goasslschnålzn	„Geißel"; Peitsche
Brauch, um das Frühjahr zu begrüßen bzw. den Winter zu vertreiben
Göd	Pate
Goda	Kropf; Gurgel
Godl	Patin
Godlbrot
Godlbre<u>i</u>z	Brot, das der Pate seinem Patenkind zu Ostern und Allerheiligen schenkt (Tiroler Brauch).
goggezn	gackern
Goggl	Gockel, Hahn
Gogl
Du letza Gogl	Kotknollen, Exkrement, scherzhaft für Kinder, kleiner Mensch, Knirps
Goißera	schwere spezielle Bergschuhe
Gåltviech, Galtling	Jungrind, das noch keine Milch gibt
gorezn	knarren

goschat frech, vorlaut
Sei nit imma so goschat! Sei nicht immer so vorlaut!

Goschn Mund
Mei, dea håt a Goschn Mensch, der hat ein Mundwerk

Gotz (-n), Gotza (OL) Schöpflöffel

Graffl, Grafflwearch unbrauchbarer, wertloser Plunder

Grallele Kügelchen
a Grallele fålln låssn ein Kügelchen (der Rosenkranz-
schnur) fallen lassen

Grammln, Gruipn (OL) Griebe, Grammeln

g-rammlt gänzlich voll, randvoll
a g-rammelt volle Hitt'n eine bis zum letzten Platz ge-
füllte Hütte

grantig schlecht gelaunt, sein

Grantscher(b)m schlecht gelaunter Mensch; Misanthrop

Grantn Preiselbeeren

Grapscha unangenehmerm aufdringlicher Zeitgnosse mit sexueller Fixierung auf kompromitierende Berührungen (strafbare Handlung)

grapschn

Låss dei̯ Grapscharei!

jmd. in intimer Absicht berühren, sexuell belästigen, ausgreifen
Greif mich nicht so an!

Gratn
Pass auf die Gratn auf!

Fischgräte
Gib auf die Gräten acht!

Gråttn
Gråttlbeg

Karren; altes Fahrzeug
Schubkarren

Graukaas

Graukäse

graupat
a graupate Kua

gefleckt
eine gefleckte Kuh

Grausbiarn
Mia schteign die Grausbian auf, wenn i di siech.

Ekel, Grausen
Mir graut vor dir, sobald ich dich sehe.

grawuttisch
Måch mi nit grawuttisch!

zornig, böse
Mach mich nicht wütend!

greaschtate Eadäpfl

geröstete Kartoffeln

Greaschtl

geröstete Kartoffeln mit Fleisch oder Wurst

Greggala   kleiner Bub
a greggats Mandl   klein gewachsener Mann

Greißla   Krämerladen

grian, grea   grün

Grianzeig, Greazeig   Gemüse und Kräuter

griasln   schleimen, einschmeicheln
Bei miar brauchsch di nimma ei-griasln!   Bei mir hast du keine Chance mehr!

Griaß di   Ich grüße dich.

Griaßd en*kch* [ZT]   Ich (wir) grüßen euch.

Griffl   Finger, Schreibgerät

Grind   Kopf
Håt dea an Grind!   Hat der aber einen Dickschädel!

gripfn   mit den Fingernägeln zupfen und zwicken

Grischpale   kleiner, schwächlicher Mensch
Wås mecht denn deis Grischpale vo mia!   Was will denn dieser Schwächling von mir!

Grivis-gravis   Durcheinander
So a Grivis-gravis!

gruaß-kopfat   großtuerisch
Heit tuasch owa gruaß-kopfat!   Heute gibst du aber an!

gråd
Wås håsch denn gråd tu?

gerade, nur, bloß
Was hast du denn bloß gemacht?

Groiggn, Groippn

Grammeln, Grieben

Groschn

Isch da Groschn iatz gfålln?

Groschen, (=ehem. österreichische Währungseinheit)
Hast du es jetzt endlich kapiert?

Gröschtl, Greaschtl

Gericht aus geröstetem Fleisch, Zwiebeln und Kartoffeln

gråsn
Die Kia gråsn auf da Alm.

weiden
Die Kühe grasen auf der Alm.

gråtn
De<u>i</u>s isch guat gråtn.

geraten, gelungen
Das ist ja gut gelungen.

Gråttn

So a schiacha Gråttn!

zweirädriger Karren, Auto (eher abwertend)
So ein hässliches Auto (Gefährt)!

Gruamat, Gråmat
Håsches Gråmat schu ei-tu?

2. Schnitt beim Heu
Hast du die 2. Mahd schon eingebracht?

Grufti

Ein aus jugendlicher Sicht „alter" Mensch (oft schon ab 30)

*Wos tuatn
dea Grufti
in da Disco?*

Was hat
denn dieser Alte
in der Disco
verloren?

Gruschpl — Knorpel

Gsatzl — Rosenkranzabschnitt
  nu a Gsatzl bettn — noch ein wenig beten

gschafftln — sich einmischen, wichtig machen
  Gschafftlhuawa — Wichtigtuer

gschammig — schüchtern

Gschea — Plagerei, Mühe; Gefolge

wia da Hea so`s Gschea — wie der Herr so sein Gefolge

g-scheart	primitiv
a g-scheate Goschn	ein ordinäres, übles Mundwerk
Gschiar	Geschirr
Gschisti-Gschasti	Aufhebens machen
Måch kåa Gschisti-Gschasti!	Mach keinen Wirbel wegen nichts!
Gschlåda, Gschlada (= „Hansl")	abgestandenes Getränk, zB Bier
Gschlamp	Schlamperei
a gschlåmpats Ugricht	schlampige Verhältnisse
gschlaucht	überanstrengt, k. o. sein
Du schaugsch owa hibsch gschlaucht hea!	Du siehst heute aber einigermaßen mitgenommen aus!
gschleinen	sich beeilen
Gschlein di!	Beeil dich!
Gschmåckch	Geschmack, Geruch
gschmachig	schmackhaft, schmeichlerisch
Tuasch du heit owa gschmachig!	Hast du heute aber ein süßliches Getue!
gschnåchts [ZT]	abends

g-schprissn
Tua nit so g-schprissn!

eingebildet, überheblich
Gib dich nicht so überheblich!

Gschpritzta
a siaßa oder a saura Gschpritzta

Wein mit Soda (sauer) oder Limonade (süß) aufgespritzt

Gschpualn, Gschpualag (OL)

Schweinefutter aus Essensabfällen

Gschpusi

Håsch du mit da Susi a Gschpusi?

Liebelei, Affäre
Hast du mit Susi ein Verhältnis?

Gschroa

Geschrei

Gschråppn
Wiaviel Gschråppn håschn du?

Kinder
Wieviel Kinder hast du denn?

Gschtack
Måch kåa Gschtack!

unnötiger Wirbel
Mach keinen Wirbel!

Gschtanzl

gesungener, zwei- bis vierzeiliger Scherzreim

Gschtell
Taifl nu amål eini, dei håt owa a geils Gschtell!

Gestell, Figur
Mensch, die hat aber eine tolle Figur!

gschtiascht
a gschtiaschts Dianei

nett, herzig, lieblich
ein sympathisches, liebes Mädchen

Gschtudiarta	Akademiker
Gschwafl	Gerede
Deis isch jå ålles lei a Gschwafl!	Das ist ja alles nur leeres Gerede!
gschwind	schnell, geschwind
Gschwista-kind	Cousin(e)
Gselchts	geräuchertes Schweinefleisch, Geselchtes
Gsellin, Gsöin (UI)	Frau
gsolzn	gesalzen
de Preise sein aber gsolzn	diese Preise sind aber heftig überhöht
gsurt	gepökelt
Gugga	Fernglas, Operngucker
Guggug	Kuckuck
Guglhupf	Mehlspeise
gunnan	gönnen, vergönnen
Gunn da selwa hålt a amål wås!	Vergönn dir doch selber auch einmal was!
Gusto	Lust, Verlangen nach …

Hatt i iatz an Gusto auf eppas Rasses!	Hätte ich jetzt Lust auf etwas Scharfes!
Gutele	Bonbon, Schleckerei, Naschwerk
Gwasch	Geschwätz, Klatsch
So a Gwasch!	So ein Gewäsch!
g-wohnen	wahrnehmen, bemerken
I hun di gor nit da-gwohnt!	Ich hab dich gar nicht bemerkt!
G-wundaloch	besonders neugierige Person
g-wundrig	neugierig

H

haal glatt, rutschig

haatschn schleifend, schleppend gehen

haban, hawan essen
*I brauch Ich brauche
schleinigst dringend etwas
eppas zum zu essen!
Haban!*

Habera
Hawara Lebensgefährte, Freund, Mann
Kcheat dea Ist das dein Freund?
Hawara zu dia?

Hådarn Lumpen

Hafal-schuach grobe Halbschuhe

haftig heftig, ungestüm; eifrig; schlimm

haggln streiten, auch: arbeiten, essen

Haggl ziachn Eine beliebte Form des Kräftemessens: Man(n) sitzt einander am Tisch gegenüber; mit eingehängtem Mittelfinger müssen die beiden Gegner mit aller Kraft versuchen, den Kontrahenten „über den Tisch zu ziehen".

Haibrunza — Feigling

Haigeign — langer, dünner Mensch

haign — Heu einbringen

Hallodri — Tunichtgut, Herumtreiber

hamisch — heimlich; tückisch

Handschig — Handschuh
Du Handschig! — Du Versager!

Hansl — Hänschen; abgestandener Bierrest
Den Hansl kunsch da selwa saufn! — Diesen abgestandenen Rest kannst du selber trinken!

hansln — hänseln

hantig — bitter, herb schmeckend
a hantigs Weiwass — mürrische, unverträgliche Frau
a hantiga Gschmåck — ein herber Geschmack

happarn — fehlerhaft
Då happarts rund umadum. — Es fehlt an allen Ecken und Enden.

harb — herb, deftig

Haring — Hering

Harrdi gatti!, Harrschdi! — Herrschaft nochmal! (ein Ausruf des Zorns)

Hascher, Rascharl — bedauernswerter, armer Tropf

hatschat — hinkend, schleppend gehen; nicht ganz in Ordnung
a hatschate Såch — eine ungute Angelegenheit
deis isch a Hatscha! — das ist eine lange Wanderung!

Hau o! — Geh weg!

Håwagoaß — Tiroler Sagengestalt

Haxn — Beine
I måch da glei Haxn! — Ich mach dir gleich Beine!

Heach — Höhe

Heana-aug — Hühnerauge

hea-putzn — kaputt machen, zugrunde richten

du putsch di jå nu selwa hea! — Du richtest dich noch selbst zugrunde!

heara-werts, hearawertig
hearewachts (OL)
a hearawertigs Mandl
Iatz geets schu wieda hearawärts!

umgänglich, auf die Menschen zugehend
ein leutseliges Kerlchen
Jetzt geht es schon wieder besser!

hear-reissn
Reiss hea die Klåmpfn!

hergeben
Gib die Gitarre her!

Heaschd, Heat

Herd

Heb-schteckn

Mit mia håsch ålm an Hebschtekchn!

Eisenstange zum Halten
Zu mir kannst du jederzeit um Hilfe kommen!

Hegl, Heigl
a beariga Heigl

Anrede für einen Mann, Burschen, ein toller Bursche

Hei
Håbs eis s`Hei schu ei-tu?

Heu
Ist das Heu schon eingebracht?

Heihupfa

Heuhüpfer, Heuschrecke

heiln
Hea decht amål au(f) zum Heiln!

heulen, weinen
Hör doch endlich auf zu heulen!

heirta Schädl

ein starrsinniger Mensch, Sturschädl

Heisl, Häusl (ZT)	kleines Haus; WC in einer kl. Holzhütte im Freien
i geah aufs Heisl	ich gehe aufs Klo (WC)
Heisl-baua	jmd., der sein Haus (im Eigenbau) errichtet
heit, heint (UL)	heute
Heiter *dea årme Heita*	erbarmungswürdiger Mensch, armer Tropf
Hemmat *a lässigs Hemmat*	Hemd ein modisches Hemd
Henna-schteign	Hühnerstall; Hühnerleiter; scherzhaft für Bett
herbschtelen	der Herbst naht
herentn	hier, herüben

Herzkaschpal — Herzinfarkt
I muaß mi niedahockn, sunsch kriag i nu an Herzkaschpal! — Ich muss mich setzen, sonst bekomm ich noch einen Herzinfarkt!

Hetz — Spaß
Måch ma ins a Hetz! — Machen wir uns einen Spaß!

hetzig — lustig

Heuschne*kch* — Heuschrecke

Hiafla, auch: Stiefla — Gestänge zum Trocknen von Gras

hian-rissig — dumm
  hian-vabrennt — w. o.
  hian-schwånga — w. o.

Hias — Matthias
du Hiasl — du dummer, ungeschickter Mensch

hiatn — hüten
  Hiatabua — Hüterjunge
  Håltabua — Almhirt

hibsch — ziemlich

hii — hin
  hiin (-ig) — tot, kaputt
  Mai, bin i hii! — Oje, bin ich fertig!
  Iatz isch ålles hin! — Jetzt ist alles kaputt, vorbei!

hildarn — hallen

Himmltati — Gott (in der Kindersprache)

hint außn — hinter dem Haus

I gee hint außi. — Ich nehme den Hintereingang.

hintafotzig — hinterhältig, verschlagen

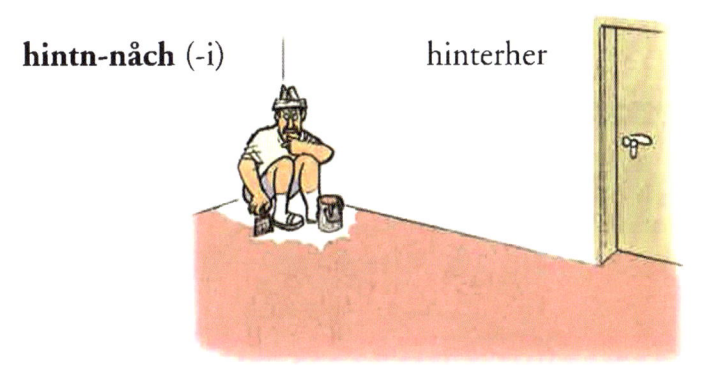

hintn-nåch (-i) — hinterher

Hintn-noch håsch leicht gscheit sein! — Hinterher weiß man immer alles besser!

Hittn — Hütte

hoach - heacha - am heggschtn — hoch - höher - am höchsten

hoagaschtn — sich gemütlich unterhalten

hoaggl (-ig) — heikel
So a hoaggla Kropf! — So eine heikle Person!

hoaln — heilen

Hoam	Heim
hoamalan, huamelen (OL)	sich wie zuhause fühlen, sich an die Heimat erinnern
Hoamatl	Elternhaus, Anwesen
hoam-geign	mit Spott abziehen lassen
hoam-leichtn	heimleuchten; jmd. verjagen
Hoam-reara	jmd., der unter starkem Heimweh leidet
hoam-suachn	einen Krankenbesuch machen; sterbenskrank sein
Hoangascht, hoangaschtn	Plauderei, plaudern
Hobadaxl	Eidechse
Hoblschoatn	Hobelspäne

hock*ch*n sitzen
Bleib hålt no a bissl hockn! Bleib doch noch ein wenig hier!
Hockch di hea do! Nimm bitte Platz

Hådalump früher: Lumpensammler
heute: Flegl, Schlitzohr,
leichtfertiger Mensch

Hågmoar (ZT) der stärkste Bursch, Raufer
(Ranggler) des Ortes

Da Hågmoar bin i! Der Stärkste bin ich!

Hola Holunder
Red koan Hola! Red keinen Unsinn!

Holamandl Holunderkoch

hålsn umarmen
Låss di hålsn! Lass dich umarmen!

Hålts zsåmm! Halte den Mund!

Håntala Hilfsarbeiter, Taglöhner

Hopfnstångn	Hopfenstange; eine übergroße, schlank gewachsene Frau
hoppala	oje; sich entschuldigen
Hås	Hase
a guata Hås	ein hübsches Mädchen
håst, håsch	du hast
Håsch mi?	Hast du mich verstanden?
Housnkraxn	Hosenträger
Housnlåtz	bei Bedarf wegklappbarer Vorderteil der traditionellen Lederhose, vorteilhaft bspw. beim Urinieren
Huat, Hiatl	Hut, Hütchen
hudln	schusseln
Lei nit hudln, weil vom Hudln kemman di Kinda.	Nicht schusseln, sonst geht alles schief.
Hupfa, Hupfale	Hüpfer, kleiner Sprung
Bis då aufi isches jå ee lei a Hupfa.	Bis da hinauf ist es ja ohnehin nur ein Katzensprung
huppelen, hoppelen	ein Baby auf den Arm nehmen, herumtragen

Huscha
Du håsch woll an Huscha!

huschn

hussn
Huss nit ållaweil!

hutschn

Huttla

Huttn

Håsch schu wieda an Huttn!
Red koan Huttn!

„Dachschaden"
Du bist wohl verrückt!

unter die wärmende Decke kriechen

hetzen, jagen
Hetze doch nicht immer!

schaukeln

Gestalt im Faschingsbrauchtum; schlampig, nachlässig gekleideter Mensch

wertloser Stofffetzen; Hadern, Lumpen, Fetzen; scherzhaft für Kleid
Bist du schon wieder betrunken!

Red keinen Unsinn!

I

iam, eam — ihm, ihn

iandar, eanda — eher
Eanda låss i mi umbringen, åls dass i nåchgib! — Eher lass ich mich umbringen, bevor ich nachgebe!

iatz (-at) — jetzt

ibadriba sein
iwadriwa s. — besonders gut drauf sein, ausgelassen sein

iba-zuggan, iwa-z.
iba-reißn — etwas kapieren, erkennen

Innschbruc*kch*
Innschbrugg — Innsbruck, Tirols Landeshauptstadt („Innbrücke")

Isch nit wåhr! — Das ist doch gar nicht möglich!

I-tipfla — Pedant
Bisch du a I-tipfla? — Bist du ein Pedant?

iwahaps — überhaps, überstürzt

J

Jaga — Jäger, Weidmann

Jagatee, Jagatea — beliebtes, stark alkoholhältiges Heißgetränk (auf der Skihütte)

Jaggn — Jacke
Leichsch ma nit dei Jaggn? — Borgst du mir deine Jacke?

Jangga — dicke Weste, Jacke

Jauchn, Sur — Jauche

Jausn — Zwischenmahlzeit

Jessas!, Jessas-Maria! — erschrockener Ausruf

Jå, mi leksch! — Ausruf des Erstaunens: „Das gibt´s doch gar nicht!"

Jå, spinnsch iatz? — Bist du jetzt total übergeschnappt?

Joar — Jahr
Deis Joar isch owa gaach ummagångan! — Dieses Jahr ist aber rasch vergangen!

Jogg (-l), Joggele, Jågg	Jakob (Verkleinerungsform)
Joppn	Jacke
Jörg	Georg
Juchaza	Jauchzer
Iatz muass i owa an Juchaza å-låssn!	Jetzt muss ich aber (aus Freude) einen Jauchzer ertönen lassen!
juchizn, juchezn	jauchzen
juschtament	justament; jetzt erst recht
... gråd juschtament	gerade zufleiß
Jux	Spaß
Deis isch jå lei a Jux!	Das ist ja nur Spaß!

K

Kaas Käse
  kaasn Käse herstellen

kaasig blass, käseweiß, bleich
  a kaasigs Diandl ein blasses Mädchen

Kaas-Zettl Notizblatt

kaffn, koufn(OL) kaufen

Kålwa-kua trächtige Kuh

Kampl Kamm

Kanari Kanarienvogel
  I hu an Kanari! Ich bin betrunken!

Kapo Anschaffer, Chef

Karfiol Blumenkohl

Karracho, Karree hohes Tempo

  mit volln Karracho å-haun mit einem hohen Tempo davonfahren

Karwendl	Lavendelkraut; Thymian; bedeutendes Bergmassiv in Tirol
Kåschtala	Schnaps für besondere Anlässe
Kåtz katzln *deis isch fia die Kåtz*	Katze; auch Murmeltier eine Katze wirft Junge das ist vergebens
Katzlmåcha	abwertende Bezeichnung für Italiener (von „cazza"= Gatze, Pfanne) weil früher oft Italiener als Pfannenflicker in Tirol weilten
Kåtznschwoaf	Schachtelhalm
Kearndl-fressa	Körnchenverzehrer, scherzhaft für Vegetarier
Kearschn	Kirsche
Keischn Keicha	altes, schäbiges Haus
keppln	ständig schimpfen, keifen
Keschtn	Kastanien
kiefln *Då muaß i iatz kiefln!*	grübeln, nachdenken Da muss ich noch überlegen!
Kiibl	Eimer, Kübel

kimm decht hea då komm doch da her

kimscht du kommst

kindsn babysitten; ein Kleinkind betreuen

Kinig König

Kischtn Kiste; altes Gefährt; dicke Frau
  Isch deis a olte Kischtn!

Kittl Rock, Kittel
  Dea geaht mia jo goar Der weicht mir ja überhaupt
  nimma von da Kittlfoltn. nicht mehr von der Seite

Kittlschmecka einer, der ständig den Frauen nachstellt

Klachl Glockenschwengel
  Rotzklachl Nasenschleim
  a groba Klachl ein grober, derber Mensch

klåmparn zusammenheften

Klauwau Krampus, Teufel in der Kindersprache

klaubm auflesen, pflücken

Klemma, Klemmbeitl übertriebener Sparer, Geizhals

Kletzn, Kletznbrot Dörrobst, Weihnachtsbrot mit Dörrobst

kliabn, kliam
ebban schwar dakliam

spalten (Holz)
jmd. schwer od. kaum gewachsen sein, ihn nicht ertragen können

klimpan
Dei klimpat owa mit ihre Augndeckl!

klappern, klirren
... mit dem Augenaufschlag kokettieren ...

Kloa-bian

Dörrbirne

Kloa-heisla

Kleinbauer, engstirniger Mensch

kloan - kleana
- am kloanschtn

klein - kleiner
- am kleinsten

Klåmpfn,
Kitar

Gitarre

Klåppa
Bei eam geet imma di Klåppa

geschwätziges Mundwerk,
er redet ständig

kluag
Deis isch koa Kluaga!
kluag au-schneidn

klug; fein
Das ist aber kein feiner Mensch!
fein aufschneiden (zB: Wurst)

Klussn
Schaug, då geet a Klussn auf!

Spalt
Schau doch, da öffnet sich eine Spalte!

Kneidl
Kneidl und Nudln,
Nockchn und Plentn,
deis sein der Tirola
vier Elementn.

Knödel: eines der „Tiroler Grundnahrungsprodukte", weitere Details zur Vielfalt und Variationsbreite des Kendls sind im Kulinarium zu finden.

Kneidl, Knuidele (OL)	Knäuel, kl. Knäuel
kniawoach	schwach in den Beinen, müde
knill, knüll	müde, betrunken sein
Knofl, Knouflach Knofl-zechn	Knoblauch, Knoblauchzehe
knorrzn	knarren
Knoschpn	Knospe; schwere Halbschuhe, Arbeitsschuhe (zB für Stallarbeit)
Knåttl	Dreckpatzen, zB auf den Schuhen
au und au voll Knåttln	auf und auf voll Dreck
knuutschn	intensives Küssen; kuscheln, schmusen
koa	kein
koa hoamgea hom	nicht nach Hause gehen wollen
Wenn dei Manda hintars Kårtn kemman, hean sie's Leitn und Schlågn nimma!	Wenn diese Kerle mit dem Kartenspiel beginnen, vergessen sie ganz aufs Nachhausegehen!
Koch, Kouch	Koch, Mus, Eierkuchen, ...
Kåchl	Nachttopf
Hokch di auf die Kåchl!	Setz dich schnell auf den N.!

Koi	Kinn
Koi-tawagg	Kautabak
Kolderer	grober, lauter Mensch; Macho
kåltn, au-kåltn *Kchålt decht nit jedn Plunda auf!*	behalten, aufbewahren Behalte doch nicht jeden Plunder auf!
Komma *Kimm aussa aus da Komma!*	Kammer, Zimmer Komm heraus aus dem Zimmer!
kopfn *Lass mi kopfn!*	über etwas nachdenken Lass mich nachdenken!
Kåppm	Kappe
Kårrna-gulasch	Kartoffelgulasch mit Wurst (statt Fleisch)
kåschpan *Des Kåschpan geet ma aufn Wekcha!*	herumalbern Dieses Herumalbern zieht mir den letzten Nerv!
Kåschtala *I hat an guatn Kåschtala då!*	Schnaps Ich hätte einen besonderen Schnaps da.
Kåschtn	Kasten

Kota	Kater, Katzenjammer
kotzn	erbrechen
Kåtzn-Schprung	Kurzbesuch
	kurze Distanz
Kimm auf an	Schau kurz herein.
Kåtznschprung eina.	
Kåwas	Weißkraut
Kåwas-kopf	Krautkopf
Kåwas-wurm (UI)	Krautwurm
Krachal	Limonade
Kråchledane	Lederhose (Krachlederne)

Heit leign ma ins owa die Kchråchledane u!	Heute ziehen wir aber wirklich die Lederhose an!
kragln, o-kragln	jmd. den Kragen umdrehen
a Bia kragln	das Bier aus der Flasche trinken

krahn	krähen, schreien
Kranebitta	Schnaps aus Wacholderbeeren
Kråpfn	Hefegebäck, meist mit Konfitüre oder Käse gefüllt
krass Bua, deis isch krass!	schlimm Ach, ist das furchtbar!
kråtzn Kchråtz mi decht amål am Buggl!	kratzen Kratz mich doch bitte einmal am Rücken!
Kraut und Ruam	Durcheinander
Krauta-walsch	das Unverständliche
Krautinga	Krautschnaps (darf nur in der Wildschönau erzeugt werden)
kraut-walsch	schlecht deutsch sprechend
Krawattl I påck di beim Krawattl	Kragen Ich pack dich am Kragen!
kraxln	kraxeln, klettern
Kraxn	altes, alpines Tragegerät
Kredenz	Anrichte, Glaskommode

Kreiz   Kreuz, Rücken
S`isch a Kreiz mit`n Kreiz!   Es ist ein ewiges Leiden mit dem Rücken!

Kreiz-wee   Kreuzschmerzen
S`isch a Kreiz mit dia!   Mit dir hat man es schwer!

Krempl   Plunder
Tua decht den Krempl aus da Kredenz aussa!   Entferne doch diesen Plunder aus der Anrichte!

Kretzn   Krätze
freche Kretzn   Wiederling

kriagn   kriegen, bekommen
Kriagsch du går nia gnua(-g)!   Kannst du gar nie genug bekommen!

kring   gering, leicht

Krippl   Krüppel (als Schimpfwort verwendet)
du frecha Krippl

kropfat   einen Kropf haben
A kropfats Diandl muass i nit håm!   Auf ein Mädchen mit Kropf kann ich verzichten!

kropfn, kchropfazn   rülpsen
Kchropf nit!   Rülpse nicht!

kråtzn   kratzen
die Kurvn kråtzn   es gerade noch einmal geschafft haben

Kruzinesn!	Verdammt noch einmal!
Kruzitirgn, no amål eini!	Herrschaft noch einmal! (ein Fluch)
Kua-tåschn	Kuhflade
Kuchl	Küche
Kuchlmendsch	Köchin
kugln	stürzen, kugeln
Kugl jå nit hea!	Stürze bloß nicht!
Kulla-augn	große, runde Augen
Kummet	Pferde-, Kuhgeschirr
Kunsch da denkn!	Das kannst du dir in die Haare schmieren! So etwas kommt nicht in Frage
kunscht, kunsch, kuusch	du kannst
Kupft wia gsprungan!	Redensart: Egal wie, es bleibt sich gleich.
Kuttn	Rock, Mönchsgewand
a so a elendslånge Kuttn!	so ein überlanger Rock!

Kwadratlatschn   übergroße Füße, Schuhe
De Kwadratlatschn passn jå in koane Schuach!   Diese unglaublich großen Füße passen in keine Schuhe.

Kwargl   stark riechender Käse; etwas Sinnloses
Red koan Kwargl.   Red keinen Blödsinn.

Kwasslbruada   Vielredner
Hålt amål die Pawalatschn, va-hellta Kwasslbruada!   Sei doch endlich einmal still, verdammtes Plappermaul!

Kwetschn   Ziehharmonika
Nimm die Kwetschn aussa und schpiel oan auf!   Nimm dein Akkordeon und spiel für uns!

Kwintl   Quentchen, eine Kleinigkeit

Laab   Laub

laar   leer

laatschn   nachlässig oder erschöpft gehen
Laatsch nit so!   Geh nicht so nachlässig!

Laatschn   Legföhre

låb   schlecht
a låbe Soch   eine ungute Angelegenheit

Labl (ZT)   Klosett

Lackch**n**   Pfütze

Ladl   Lade, Unterkiefer
Iatz fällt ma s`Ladl owa!   Da bleibt mir jetzt aber der Mund offen

Laggl   großgewachsener Mensch, Kerl

Lahninger   fahrendes Volk, Schimpfwort

Lakch   Tümpel

Lampl, Pamperle   Lamm
So a liabs Lampl!   So ein liebes Lämmchen!

Langes	Frühling
Lantschbesn	Person, die ständig herumstreicht und nie daheim vorzufinden ist.
lantschn	herumstreichen
lappelen, låppnen	herumblödeln
Larch, larchen	Lärche, aus Lärchenholz
Larifari redn Larifari måchn	unnützes Zeug reden Unnützes tun
Lausa	frecher Junge, Lausbub
lauta *lauta liabe Leit* *a lautere Suppn*	lauter; dünn alles nur liebe Leute eine dünne Suppe
lax	schlaff, ermattet
Lazi machen	Albernheiten machen
Leebzeltn	Lebkuchen
lei *Tirol isch lei oans* *Lei nit lugg-låssn!*	nur, bloß Tirol gibts nur ein mal (auf der Welt) Nur nicht nachlassen!
Leit	Leute
Leitn	Abhang, Hang

leit-scheich, leitschuich	schüchtern
Leit-schinda	jmd., der seine Mitmenschen übertrieben beansprucht
Leiwl, Leiwal	Leibchen, T-Shirt, Weste
ea håt koa Leiwal	der hat keine Chance
Leni	Helene
Lenz	Lorenz (Kurzform); Frühling
Hurra, da Lenz isch då!	
leppan	summieren
då leppat sich wås zsåmm	es summiert sich mit der Zeit
lest (UL)	letzt, zuletzt
letschat	weich, teigig
a letschata Salott	nicht mehr knackiger Salat
Lettn	aufgeweichte, nasse Erde, Dreck, Schlamm
letz	klein, schlecht
a letza Dreck	ein kleiner Mensch
a letza Furz	ein kleiner Wicht
mia geets letz	mir geht's schlecht
Lex	Alexander (Kurzform)

Liachtn	die Helligkeit des Tages, Tagesanbruch
Ouwaliachtn	Sichtfenster oberhalb der Tür
liagn	lügen
Lies (-l)	Elisabeth
Lina	Magdalena
Lipp (-l), Lippei (UL)	Philipp
Loab (-l), Loawal	Leib(chen)
load sein, loamig	überdrüssig (leid) sein
Loam-årsch	Schwächling
Loam-siada	Langweiler
So a loam-siadata Loamårsch!	So ein langweiliger Schwächling!
loapn	etwas (vom Essen) übrig lassen
Loapn toa ma nix!	Übrig gelassen wird nichts!
Loata	Leiter
Loan die Loata zuachi, i mecht fenschtarlen!	Stelle die Leiter an die Wand, ich möchte fensterln!
loatn	lenken, leiten

Lolli	Dummerchen, Blödler
långa Lulatsch, långs Elend	großgewachsener Mensch
lång-haxat	langbeinig
Loosa, Leffl	Ohren
loosn, lousn	zuhören
Lopp, Lopphaufn, Lolli *Jedn Lopp* *gfållt sei Kåpp.*	dummer Mensch, Dummerchen Jeder Freak hat seinen Tick.
låppat *låppat schian*	blöd, irrsinnig, töricht irrsinnig schön
Låpphaufn	dummer Kerl
Lota, Loda *de̲is isch hålt a* *richtiga Lota* *a kamotta Lota*	Mann das ist eben ein richtiger Kerl netter, angenehmer Mann
Lotsch (-a), a guata Lotsch	gutmütiger Mensch

Lottarlebn, Lottalem
Wås fiarsch n gråd fia a Lottalebn!

lasterhafter Lebenswandel
Was führst du bloß für ein Lotterleben!

Lotterer

Fieber, Schüttelfrost

Låttn
longe Låttn

Latte
großgewachsener Mensch

Luada, Luadaviech

Luder

luagn

schauen, lugen

Luck

Deckel

lugg låssn
Lei nit lugg låssn

nachlassen
Nur nicht nachlassen

Lugn-dschippl, Lugnbeitl
Dem Lugnbeitl kånn ma jå gåa nix mea glam!

Lügner
Diesem notorischen Lügner kann man ja überhaupt nicht mehr glauben!

Lulatsch

großer, langer Mensch

Lump

Gauner

lupfn

heben, aufheben

Luttarisch
du Luttarischa

andersgläubig, Schimpfwort: Wenn zB Kinder nicht den sonntäglichen Gottesdienst besuchen

M

Maar di holt, wennd wås brauchsch! — Melde dich nur, wenn du meine Hilfe benötigst!

maan (-en) — mähen

maarn — sich bemerkbar machen

Måaschtawurz — aus der Meisterwurz gebrauter Schnaps

machln — basteln, reparieren

Machlzoig — Werkzeug

Madl — Mädchen; Tochter

maggiarn — eine Krankheit, Verletzung vortäuschen
So a Maggiara. — So ein Hypochonder.

maggn — fest drücken
Madl, låss di maggn! — Mädel, lass dich drücken!

Mai-rångga — Maikäfer

Malta — Mörtel
Ria decht in Malta u, owa nit z`dinn! — Rühre doch den Mörtel an, aber nicht zu dünnflüssig!

mammalen — Wenn sich Kinder ganz besonders an die Mutter hängen

Manda — Männer
Manda s'isch Zeit — Männer es ist soweit (Ausspruch Andreas Hofers)

mandschn	vermengen, durchmischen
Mårch	Markierung, Zeichen; Grenze
Marei, Mariedl, Marilli, Mizzi, Moidl	Maria
Marend *Låssts guat sein, zum Marendn ischs!*	Nachmittagsjause Legt die Arbeit nieder, es ist Zeit für eine Jause!
marod *Heit schaugsch owa hibsch marod aus da Wäsch!*	matt, kränklich Heute machst du aber einen ziemlich kränklichen Eindruck!
Marterl	Gedenkzeichen (Kreuz oder Bildstock), das an einen Verunglückten oder Verstorbenen erinnert. Sie werden sowohl in Mundart als auch in Schriftsprache verfasst.
Massl *So a Masslbruada!*	Glück So ein Glückspilz!
Matschgara	ein Verkleideter im Fasching
maugezn	katzenartige Töne von sich geben
Maultasch	Maulschelle
maungln	heimlich (illegal) einen Pakt schließen

mauschln	packeln, etwas heimlich verabreden, schwindeln; Geschäfte im Hintergund machen
mear (ZT)	nun, wieder
mechtn	wollen
i mecht gean	ich hätte gern
Megsch a Fotzn!	Möchtest du eine Ohrfeige?
meggazn	das Meckern der Ziege
Mei!	Ausruf des Bedauerns, der Verwunderung
Jå mei!	
Mei, isch des bearig!	Mensch, ist das schön (bärig)!
melchn	melken
Mendsch	Mädchen; Magd; Geliebte
mendschalan	menschlich
metzgarn	schlachten
miassn	müssen
Minz	Kleingeld, Münzen
moanan	meinen, glauben
Du moansch woll, i bin deppat!	Du hältst mich wohl für dumm!

Moar	der Beste, siehe „Hogmoar"
Moasta, Moaschta	Meister
Måch endli(ch) die Pawalatschn auf!	Mach doch endlich deinen Mund auf!
mock*ch*n	mocken, sich verstimmt zeigen, trotzen
mockig	stur, abweisend, beleidigt
Mode machen	bei einer Sache dringend eingreifen, durchgreifen
Wenn du nit åndasch tuasch, muaß i amål Mode måchn!	Wenn du dich nicht eines Besseren besinnst, muss ich einmal durchgreifen!
någscht, någsch *Mågsch mi nu gean?*	du möchtest Hast du mich noch lieb?
Moidl	Maria
Moltn	Schmutz, Kot; alter grobkörniger Schnee
mool *a moole Bian!*	weich, faul eine faule Birne!
motzn	langsam tun, nichts weiterbringen, zaudern, aufbegehren

Muasch ålm wia a Huttala daheakemman!?	Musst du immer so schlecht (schlampig) angezogen sein?
Muaß zB Melchamuaß	Koch, Brei, meist aus Milch, Mehl, Schmalz, etc.
Muaßa, Muasa	Pfannenwender
Much, Michl	Michael
Mucksa *Ea måcht koan Mucksa mea.*	Geräusch, Ton Er ist ganz still, rührt sich nicht mehr.
muffelen, demmelen (OL)	muffig oder modrig riechen
Muffn *mia geet di Muffn*	Angst ich habe Angst
Muggn *Måch decht nit aus jeda Muggn an Elefånt!*	Mücke Übertreibe doch nicht so!
Mugl	kleiner Hügel
Muinz, Muinza (OL)	Kosewort für Katzen
Murfl *ziach nit so a Murfl*	Mund (eher abwertend); schau nicht so grantig
Murmal	Murmeltier

N

naan — nähen, flicken
Naa ma decht bittschen deis Louch im Kittl zua! — Könntest du mir, bitte, das Loch im Kleid flicken?

naarisch — närrisch, verrückt,
aber auch: *narrisch guat* — überaus gut

nachtn — nahe, beinahe; gestern

Nagelen, Nagei — Nelken

någgln — wackeln, rütteln
Er måcht koan Någgla. — Er rührt sich nicht.

Nandl, Nanei — Großmutter

Nani — Nase

Nanni, Nannal — Anna, Marianne

nåpfezn — einnicken

neatn — nötigen

neffn — sich (irgendwo) reiben; auch für „kopulieren" verwendet

Neidei (Kitzbühel) — Liebkosung, Streicheleinheit

neinarlen, neinan — Die Vormittagsjause (um etwa 9 Uhr) einnehmen

neischtln — an kleinen Dinge herumhantieren

neschtln — nesteln, ständiges Herumsuchen
Du ewiga Neschtla!

niachtan — nüchtern
Bisch wieda aus-gniachtat! — Bist du endlich wieder nüchtern!

Niatn — Niete
a so a Niatn — so ein Versager

Nickarle, Gnasperle (OL) — Schläfchen, Nickerchen

nida-beigln — niedermachen
den wea ma — den werden wir
nida-beigln — schon kleinkriegen

nigl-någl-nei — ganz neu, nagelneu

nimma	nicht mehr
nåch-antarn	nachahmen, necken
Nåchzipf	Wiederholungsprüfung
Notnågl, Noatniegl	Lückenbüßer
Åls Notnågl bin i ma z`guat!	Als Lückenbüßer komme ich nicht in Frage!
nåck*ch*at	nackt
Nock*ch*n	Kloß
Nockchal	Klößchen
du fade Nockchn	du Langweiler
Någgla	
er måcht koan Någgla	Er reagiert nicht, er macht keine Bewegung
noialan	neu ausschauen bzw. riechen
nåpfezn	ein Nickerchen machen

Nosn   Nase
    dea håt a Nåsn fia ålls   er hat einen guten Riecher
    unta die Nåsn reim   jmd. mit der Wahrheit konfrontieren

    si selwa bei da Nåsn nemman   ehrlich zu sich selbst sein

Nåsnputzn   getrockneter Nasenschleim

Nåtsch   Ferkel, Schwein

nuatig, nuadig   geizig, notleidend
    a nuadiga Teifl   ein geiziger Kerl

Nudlwållga   Nudelwalker, Teigroller

Nuss, MZ Niss   Nuß, Nüsse

Nutz sein   von Nutzen sein
    Ea isch zu nix Nutz.   Er ist zu nichts zu gebrauchen.

nutzes   wertvoll

O

Oach*kch*atzl   Eichhörnchen, Eichkätzchen
Oach*kch*atzlschwoaf   Eichhörnchenschwanz

oagns   eigens, extra
Iatz bin i oagns wegn dia kemman!   Ich bin ausschließlich wegen dir gekommen!

oa-*kch*onzln   abwertend zurechtweisen, heruntermachen
I låss mi von dia nit ållaweil oa-kchonzln!   Ich lass mich von dir nicht ständig kompromittieren!

oanawegs   ohnehin
Deis isch ma oanawegs Wurscht!   Das ist mir ohnehin egal!

Oanigl   leichte Erfrierungen an den Fingern

Oanschicht   entlegene Stelle
Dea haust gånz in da Oanschicht!   Der wohnt ganz entlegen!

oanschichtig   entlegen, abseits gelegen; einfältig

Oarnschliafa   Ohrwurm

Oarwaschl, Uawaschl Ohr(en)
Nimm di hålt amål Besinne dich endlich einmal
selba bei di Oarwaschl! eines Besseren!

oba, ocha, oicha (UL, BT) herunter, herab

Obaliachtn, Owaliachtn Oberlichte

o-biagn abbiegen

o-brennt
blutt (ÖT) abgebrannt, pleite sein,

obrigscht ganz oben

o-brockn abpflücken

Obschtla Obstschnaps aus verschiedenen Früchten

ocha, oa herab

ochezn ächzen

å-draht schlau
a å-drahts nicht ganz korrekt handelnd,
Mandl mit allen Wassern gewaschen

Ofnlewa Zillertaler Hochzeitsgericht

å-foahrn abfahren
Mit de Tanz Diese schlechten Angewohn-
mågsch heiten musst du künftig unter-
å-foahrn! lassen!

oft amål	manchmal
oft	dann, oft
o-gfeimt	ausgefuchst, verschlagen
A so a o-gfeimts Mandl!	So ein ausgefuchstes Bürschchen!
o-halftarn	jmd. heruntermachen
o-haun	abhauen, flüchten; intensiv über etwas lachen
o-i-draan	abstürzen
o-i-fliagn(g)	hinunterfallen, abstürzen
o-i-lupfn	herunterheben
O-i-zaara	Tachenierer
Wås bischn du gråd fiar a O-i-zaara!	Was bist du für ein negativer Mensch.
å-*kch*råtzn	abkratzen; sterben
Zum Å-kchråtzn wars no a bissl zfriah!	Zum Sterben wäre es schon noch etwas zu früh!
å-kragln	erwürgen
Am liabschtn tat i eam o-kragln, den Falott!	Ich könnte ihn erwürgen, diesen Gauner!
ålla-hond	allerhand
ålla-lei	allerlei

ålla-weil, ollm, oiwei					immer

ålle heilign Zeitn					Ganz selten, quasi: nur zu den hohen Feiertagen

Du låsch di a lei ålle heilign Zeitn unschau(g)n(g)!					Dich bekommt man auch nur ganz selten zu Gesicht!

ållm, ollaweil					immer

åltvaterisch					altmodisch

o-luxn					abluchsen, jemandem etwas mit List abjagen

I låss ma mei Geld vu neamb o-luxn!					Ich lass mir von niemandem mein Geld abjagen!

Ombrell (ZT)					Schirm

Ommes, Åmeis					Ameise

o-murggsn					abmurksen, umbringen

in Motor o-murggsn					den Motor abwürgen

on-bandln					eine Liebschaft, einen Streit anfangen

Mit dea liam Gitsch tat i schoa gean ån-bandln!					Mit diesem netten Mädchen würde ich liebend gerne Bekanntschaft schließen!

åndasch, ondaschta					anders

ån-gasn					sich beeilen, Tempo machen

On-gricht, U-gricht					Umstände, Verhältnisse
So a schlåmpats Ongricht!

ån-leanan, u-leana	anlernen, einweisen
å-någn, å-nå(g)n(g)	abnagen
ån-pumpm, u-pumpn	Geld schnorren
ån-pumsen, u-pumsn	schwängern
Von wem ischn eppa die Liesl u-pumst wuan?	Von wem Elisabeth wohl schwanger ist?
ån-zaarn, u-zaa(r)n	anziehen, Tempo machen

ån-zwiedarn u-zwiedan	anstänkern
å-passn	abwarten, auflauern
å-prock*ch***n**	abpflücken
å-saumen	jmd. (bei der Arbeit) hinderlich sein), ihn abhalten
Tua mi nit ållm å-saumen, i hu koa Daweil!	Halte mich nicht dauernd von der Arbeit ab, ich habe keine Zeit.
å-schlogn	abschlagen, Vieh schlachten

å-schtaam — abstauben; etwas erschleichen einer, der die anderen ausnützt
a so a Å-Schtawa — So ein Abstauber!

Oschtia-oschtia muggn — Fluchwörter (aus dem Italienischen abgeleitet)

oschtig, åschtig — derb, roh
a åschtiga Lota — ein derber Kerl

å-schtraggln — abmühen, abplagen
Då håsch di umaschinscht å-gschtragglt! — Da hast du dich aber umsonst geplagt!

Å-schtroaffa — (Schuh-) abstreifer

å-tschuppian — abhauen, sich davon machen
Iatz mågsch owa å-tschuppian, sunsch såg i da an Fufzga u! — Verschwinde, sonst kriegst du Probleme mit mir!

Ötzi — weltberühmte Eismumie vom Similaun-Gletscher; auch: populärer österreichischer Popsänger

ow(b)a!, åwa — Aber ...!

owi, obi, åwi
  ochi, ochn,
  oichi (UL, BT) — hinunter, hinab

paff sein

verblüfft sein

paffn

qualmend rauchen

pa*kch*ln

paktieren, im Geheimen Absprachen treffen

I moan, dei̯ Zwoa pakchln mitnånd.

Ich glaube, die beiden paktieren.

Pa*kch*tl

kleines Paket, Packung

palantarn, aussipalantan

jmd. hinauswerfen, wegstoßen

Fia di gscheit au, sunsch muaß i di aussi-palantan!

Benimm dich ordentlich, sonst muss ich dich hinauswerfen!

Palatschin*kch*n

Dünner Eierkuchen, zusammengerollt und mit Konfitüre oder Fleisch gefüllt.

Pampf
A so a grausiga Pampf!

fester Brei
So ein ekeliges Essen.

pampfn	Essen in sich hineinstopfen
Panadlsuppn	Suppe mit Semmel- und Eiereinlage

Pappal	Mus, Kinderbrei
Pappmschlossa	Zahnarzt
Dea Pappmschlossa siecht mi nimma!	Der Zahnarzt sieht mich nie wieder!
parabarn	hart arbeiten, schuften
påtzn	kleckern; einen Fehler begehen
Paunzn	Kartoffelnudeln
Pawalatschn	Mund
Hålt die Pawalatschn!	Halt den Mund!

Pechmandl — Sandmännchen

pemparn — klopfen; kopulieren

Mit åona åltn **Pfånn** leansch eppan guat kochn. — Von einer älteren Freundin/Frau/Lebensgefährtin kann Mann viel lernen ...

Pfandl — Bratpfanne

pfeilsgrod, pfeizegrod (OL) — ganz gerade
Geet nit dea Bsuuf schu wieda pfeilsgråd ins Wirtshaus! — Geht doch dieser Säufer schon wieder schnurstracks ins Wirtshaus!

pfent — schnell, flott, angenehm
a pfenta Lota — ein angenehmer Mann
deis geat pfent dahin — das geht flott dahin

Pfiat di — Auf Wiedersehen

Pfiffaling — Eierschwammerl; etwas Wertloses

pfladarn, fladan — stehlen
Bei mia gibbs nix zum Fladan! — Bei mir gibt's nichts zu holen (= stehlen)

pflanzn — anpflanzen; necken, verarschen
Pflanz eppan åndan. — Necke einen anderen.

pflåtschat — flach gedrückt

Pfoat, Pfoad — Hemd, Bluse

Pfostn
deis isch a Pfostn hea

Pfreim
pfreimig

Pfusch

I håb deis Heisl im Pfusch aufgschtellt.

pfuschn

Piepm, Piepa (OL)
Du freche Piepm!

Piipal
MZ: Piipala

Piitscha (ZT)

pippln

Piuri geim

Piuri håm
Voam Sepp håmm ålle an mords Piuri!

Holzsteher
großgewachsener, kräftiger Mann

Reif, Rauhreif
mit Reif überzogen

schlechte, schlampige Arbeit, Schwarzarbeit
Ich habe dieses Haus in Schwarzarbeit errichten lassen.

Schwarzarbeit verrichten

Wasserhahn
Du Frechdachs!

Küken

Semmel, Weißbrot; Brötchen

oft und gerne Alkohol trinken

jmd. zur Ordnung rufen, zur Räson bringen

Respekt haben
Vor dem Sepp haben alle großen Respekt.

platsch-nåss	völlig durchnässt
Ziach da wås üwa, sunsch weasch nu platschnåss!	Zieh dir etwas über, sonst wirst du über und über nass.
Plattln mit Kraut	Kartoffelspeise mit Sauerkraut
Plentn	Polenta, Maisgries
red koan Plentn	Blödsinn reden
Pletschala	Glückspilz
Pletschn	Glück, Riesenglück
Ploch (OL)	abgeschnittener Baumstamm
plodarn	lautmalerisch für rauschen
pluin, va-pluin	jmd. schlagen, verhauen
plumpsn	lautmalerisch für „herunterfallen und hörbar auftreffen"
Plunda	Plunder, Krempel, minderwertige Waren
Den Plunda kånnsch da selwa kchåltn!	Diesen Krempel kannst du selbst behalten!
Pofl	Schund; 3. Heuschnitt
Pois	eine Weile
Wårt a Pois!	Warte ein bisschen!
Pålmkatzln	Palmkätzchen, Blüten der Weide

Pånzn — Fass

Popp — Baby
  poppln — saugen

Popsch, Popschal — Gesäß
  Håt dei a liabs Popschal! — Die hat aber einen knackigen Hintern!

påschn — würfeln

påtschat — ungeschickt, unbeholfen
  Wia schtellsch di denn gråd påtschat u! — Ach, wie bist du ungeschickt!

Påtscha, Påtscherl, Potschgori, Påtschgoggl — ungeschicktes Kind, ungeschickter Mensch

Påtschn — Hausschuh; Reifendefekt,

Påtschn-kino — abwertend für das TV-Gerät

Påtzer, Påtznlippl — Kleckerer

påtzn	patzen, kleckern
Powidl	Pflaumenmus
Pratz(-er-)**l**	Pfötchen
Pråtzn(-händ)	große Hände
Preiß	Preuße, scherzhaft für Norddeutsche
prennt	raffiniert, schlau
Preangal	ein weinerliches Gesicht machen
a Preangal måchn	Schnute
Prinzn	knusprige Kruste
pritschln	plätschern
prock*ch*n	pflücken
Protzn	kräftige Hand (Hände)
Pudl	Pudel; Schanktisch, Verkaufspult
a Pudal Schnåps	ein kleines Fläschchen Schnaps
pudl-nåckat	ganz nackt
Laff decht nit so pudl-nockchat ummadum!	Lauf doch nicht nackt herum!
pumpar**n**	fest anklopfen
Wea pumpatn då so an die Tia?	Wer klopft denn da so heftig an die Tür?

pumsn	knallen; Wort für Geschlechtsverkehr
punggat	voll, rundlich, mollig,
a punggats Deandl	ein bummeliges Mädchen
Purzigogl	Purzelbaum, Rolle
purzigogln	eine Rolle vorwärts machen
Putzale	Kosewort
putzn	putzen, reinigen
Putz di!	Verschwinde!
Putzn	
Äpfl-putzn	Kerngehäuse eines Apfels
Nåsn-putzn	Nasensekret

R

Raach — Rauch

raar — selten, wertvoll, gefragt
Måch di nit so raar! — Komm doch endlich wieder mal vorbei! (im Sinne: Mache dich durch dein langes Fernbleiben nicht selbst so begehrenswert)

Raatschkattl — Tratschweib

raatschn — sich unterhalten, schwätzen, jmd. verpetzen
Bleib hockn, raatsch ma a bissl! — Bleib hier, plaudern wir ein wenig!

rachn — rauchen
Låss endlich amål deis Rachn! — Hör doch endlich zu rauchen auf!

Rachnåcht-rachn — alter heidnischer Brauch, Nächte zwischen Weihnachten und Dreikönigstag, in denen mit Weihrauch böse Geister und Dämonen ausgetrieben werden sollten

Radau — Lärm
Måchts nit so an Radau! — Macht doch nicht so einen Lärm!

Radi	Rettich
Radl	Rad, Fahrrad
Radlbeeg, Radltruchn, Radlgråttn	Schubkarren
Radler	Radfahrer; Mischung aus Bier und Limonade
raffn	raufen
raggern	schwer und mühsam arbeiten
Raindling	Gugelhupf, Napfkuchen
Ramml	ungehobelter Mensch
Rammla	männlicher Hase; Bezeichnung für einen Casanova
rammln	koitieren
Ramsch	billiges, wertloses Zeug, Schund
Wos kaffschn ollm an so an Ramsch!	Kauf doch nicht immer solchen Schund!
ranggln	raufen

ranzig	verdorben, stinkend
Rappl	Anfall von Zorn
Kriagsch an Rappl?	Wirst du zornig?
Rapplkopf	Wirrkopf
rappln	verrückt, schlecht gelaunt sein
Råschpl	grobe Feile
raschpln	feilen
rass	scharf, beißend, pikant
Rattich	Rettich
Råtz	Ratte
Ratzn	Schnurrbart
raunzn	weinerlich klagen, nörgeln
eini-raunzn	sich bei jmd. einschmeicheln
Wia dea gråd ållaweil ba die Weibaleit eini-raunzt!	Wie er sich nur immer an die Frauen heranmacht!
Reach	Reh
Rearl	Röhrchen
rearn, plean	weinen, plärren, heulen

Redhaus
Dem Redhaus mecht i ausn Weg gea!

Vielredner
Diesem Vielredner weiche ich aus!

Reibm
a ålte Reim

Kurve
zB ein altes Fahrrad

reien
des reit mi

bereuen, reuen
das reut mich

Reindl

flacher (Koch-)topf, Kasserolle, Pfanne

reißn
So weasch bei mia nix reißn.

reißen, etwas erreichen,
Mit diesem Verhalten wirst du bei mir nichts erreichen.

rengalan

leicht regnen, nieseln

resch
a resche Semml
a resche Wirtin
a rescha Wein

knusprig
eine knusprige Semml
eine herbe Wirtin
ein herber Wein

Reschtl

Reste der letzten Mahlzeit

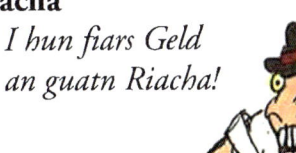

Riacha
I hun fiars Geld an guatn Riacha!

Nase
Ich habe für Geldangelegenheiten ein gutes Gespür!

Riapl
Du unkchoblta Riapl!

Abk. für Ruprecht;
Du ungehobelter Rüpel!

ribbln	fest reiben
Ribisl	Johannisbeere
Riebeisn, Reibeisn	Raffl
Riffl	rechenartiges Handgerät (zB zum Heidelbeerpflücken)
Rintn	Brotkruste
rittln	rütteln
roachn	reichen
Roach ma decht deis Sålz umma!	Reiche mir doch das Salz herüber!
Roaf(-n)	Reifen; Rauhreif
Roan	Rain (unbebauter Grenzstreifen zwischen Feldern); Wiesenhang
roasn	reisen; fahren
Kimm, mia roasn nåch Wian.	Komm, wir fahren nach Wien.
roat, ruat	rot
Råbn-bratl	liebevolles Schimpfwort
so a Råbn-bratl	so ein schelmisches Mädchen
Rock*ch*	auch: Jacke

rodln　　rodeln, Schlitten fahren

rogl　　locker, nicht fest

Rånzn　　bestickter, breiter Bauchgurt bei Trachten

Du håsch owa an schean Rånzn.　　Du hast einen ziemlichen Bierbauch.

Råpp　　Rabe

Rotz　　Nasenschleim

Rotzbremsn　　Schnauzbart

Die Rotzbremsn geet ma beim Bussn im Weg um!　　Dein Schnauzer stört mich beim Küssen!

Ruabm-zuzla　　ungeschickter Mensch

Ruach　　grobschlächtiger Mensch; jmd., der hart arbeitet

ruassln　　schlafen

Dea ruasslt jå wia a Toada!　　Der schläft ja wie ein Toter!

Ruggn (Buggl)　　Rücken

Rumpl-kåmma	Raum zum Aufbewahren von Gerümpel
Rundal	Semmel, rundförmiges Weißgebäck
rundum, rundummadum	rundherum
Rungunggl	alte Frau
rupfn	rupfen; jmd. ausnehmen, übervorteilen
a Gåns rupfn	eine Gans rupfen
eppan rupfn	jmd. Geld aus der Tasche ziehen
Rupfn-såck	Jutesack
Ruselen	Masern, Kinderblattern

S

Saans, Sensn	Sense
Sabl	Säbel
sabln	herunterschneiden, schnarchen
Safladi	Knackwurst
Såg	Sägewerk, Säge
saggra, sac*kch*ra	Ausruf der Anerkennung oder des Unwillens
Saggra, isch deis a gnaschtige Gitsch!	Mensch, ist das ein begehrenswertes Mädchen!
a saggrische Freid	eine riesige Freude
Ságmeal	Sägemehl
Såg-schoatn	Sägespäne
Saisonbock	Einheimischer, der sich ständig an die weiblichen Gäste heranmacht
Sålatt	Salat
Sandla	Obdachloser

satzn	laufen, sausen
saua	sauer; salzig
sauwa, sauba *a saubas Diandl*	sauber; hübsch
sau-bled *saubleda Hunt*	das ist blöd du saublöder Hund
Sau-mågn	jmd., der alles verträgt (Essen)
Sau-nigl	schmutziger Mensch
Schaar *Dei Schaar håt jo koa Schneid nit!*	Schere Diese Schere schneidet ja nicht mehr!
Schaaß	hör- bzw. riechbarer Darmfurz
Schaffl	Bottich, Schaff, Fass
Schamml	Schemel
Schamts en*kch*!	Schämt euch!
schatzn	schätzen; sich unterhalten
Schaug**, dasch weita kimmsch!** syn.: Fliag oo!, Va-ziach di!, Moch di durch!	Verschwinde!
schaugn	sehen, schauen

Schbeib das Erbrochene

Schbeibarei Erbrechen, das Erbrochene

schbeibm erbrechen
Mia isch zum Schpeim! Mir ist zum Kotzen!

schea, schia schön

scheban, schiwan Heuschober aufrichten
S`Wetta passt, iatzt miass Das Wetter ist ideal, um das Heu
ma gaach scheban! auf dem Feld zu trocknen.

scheim schieben; rollen

Scheiß Scheiße, Kot
Red koan Scheiß! Red keinen Unsinn!

Scheißarei Durchfall

Scheißheisl Abort

scheißn gea, geen aufs WC gehen
Gea scheißn! Aufforderung sich zu entfernen

Scheitl	Scheit, Holzscheit
a *Scheitl nåchlegn*	noch ein Holzscheit nachlegen; jmd. provozieren, Streit schüren
schelch	hinterlistig, hinterfotzig, falsch
schelch-augat	schielend
Deis schelchaugate Diandl isch sunscht gånz liab!	Dieses schielende Mädchen ist sonst aber sehr lieb.
Schelfala	gesottene Kartoffel/Erdäpfel
Eadäpfl a da Scheil (ZT)	Erdäpfel in der Schale
Schelln	Schelle, Glocke; Ohrfeige
schelwenkat	schief, nicht passend
Heit kimmsch owa schelwenkat dahea!	Heute schaust du ziemlich angeschlagen aus.
schenian	sich schämen
Du håsch woll iwahaup koan Scheniera.	Du schämst dich wohl überhaupt nicht.
schepparn	klappern, klirren
Scheppsernes	Schaffleisch
Scherbn, Scherm	Scherbe
Iatz håmma in Scherm auf!	Jetzt haben wir ein Problem!
Scherzl	Anfang oder Ende eines Brotweckens

schiach	hässlich, schlecht
I fircht, iatz weads schiach!	Ich befürchte, das Wetter wird schlecht!
schian, schea(n), schee	schön
Schiarhaggl	Feuerhaken
Schiarl	Koch- oder Rührlöffel
schiarn	Streit/Feuer schüren;
ein-schiarn	einheizen
Schia gaach ein, mia isch z`kålt!	Heiz schnell ein, mir ist zu kalt!
schiaßn	schießen
schiffn	urinieren, stark regnen
schilchn	schielen
Schinta	hart arbeitender Mensch
Schippl	ein Schüppel, eine Menge (Haare, Kinder ...)
auch: Tschippl	
a Tschippl Hoor	ein Haarbüschel
schittln	schütteln
Schlaatz	Schleim; Sekret
ea håt an mords Schlaatz	er ist schwer beleidigt

Schlågåwås	Obers, Sahne
schlåmpat schlåmpet	unordentlich, nachlässig
Schlåmpm	unordentliche, leichtfertige Frau
Schlanggl Schlingl	Spitzbub, Schlingel, Schelm
Schlappa	Sandale, Halbschuh
Schlawina	Schlaumeier
Schleigl	Keule
schlintn *Bisch beim Va-hungan, dass a so schlintsch!*	schlingen, schlucken Bist du am Verhungern, dass du das Essen so hinunterwürgst!
schloachn syn.: fotzn, knolln, schmiarn	jdm. eine Ohrfeige verabreichen
schlårpn *Heb die Haxn au und schlårp nit so!*	schlecken, lecken; schlürfen Hebe doch die Beine beim Gehen und schlürfe nicht so!
schluck*ch*n	schlucken

Schluuz	Schleim
schluuzig	schleimig, schlüpfrig; gallerat-artig
Schluuzkråpfn Schlipfkråpfn	gefüllte Nudeltaschen
schmåggizn	mit vollem Mund beim Essen schmatzen
Schmangall	Gustostück
schmarggalen *Wasch di amål, du tuasch schå schmarrgalen!*	schlecht, unangenehm riechen Wasch dich, du riechts unangenehm.
Schmårrn	Schmarren, Eierkuchen
Schmatt, Schmattes	Geld
schmattig	wohlhabend, reich
schmeck*kch*n	schmecken; riechen
schmiarn *I schmia da glei oane!*	schmieren eine Ohrfeige verabreichen
Schmirb	Schmiere

schmirbm, einschmiarn *Schmirb di gscheit ein,* *die Sunn brennt o-a!*	einreiben, einschmieren Verwende doch eine Sonnencreme bei der Hitze!
schmirggln	abschleifen, polieren
schmissig	schwungvoll, flott
schnac*kch***sln**	wortmalerische Bezeichnung für Geschlechtsverkehr
Schnaggl, Schnaggla *Muasch an drei* *Glåtzate denkn, dånn* *va-geet da Schnaggla!*	Schluckauf Denk an drei Glatzköpfe, dann vergeht der Schluckauf!
schnåpsln	Schnaps trinken
Schnauza	Schnurrbart
Schnea	Schnee
Schnea-brunza, Haibrunza	ängstlicher, schwächlicher Mann
Schneggn, Schnec*kch*n	Schnecke(-n)
Schneid	Schärfe, Mut, Selbstbewusstsein
schneidig *Des isch hålt a* *schneidigs Birschl!*	mutig, selbstsicher Das ist aber ein mutiger Bursche!
schneizn	schneuzen

Schneiztiachl, Rotztiachl	Taschentuch
Schnepfn	Schnepfe, abwertend für „Frau"
schniffn	stehlen
Schnålln	Schnalle, Türklinke; leichtes Mädchen
schnåpsn	beliebtes Kartenspiel

Beim Schnåpsn måchsch koan Schtich gegn mi! — Beim „Schnapsen" gewinnst du nie gegen mich!

Schnårfa, Schnerfa	kleiner Rucksack
Schnåttabix	Schnatterbüchse, geschwätzige Person
schnåttarn	schwätzen, ständig reden

Muasch du die gånze Zeit schnåttarn! — Musst du andauernd reden!

schnuffln	riechen, schnüffeln

Schåatn	Hobelspan
Schoba	Heuschober
schofl	schäbig, unfair
Sei nit schofl und zåhl nu an Lita!	Sei nicht schäbig und bezahle noch einen Liter!
Schåln, Schalele, Schalei (UL)	Tasse, Schale, Schälchen
Schöpfa	Schöpflöffel
schoppn	stopfen
Schpasettln	Probleme, Schwierigkeiten machen
Måch koane Schpasettln!	Mach keine Schwierigkeiten!
schpear	trocken, ausgedörrt
schpechtln	neugierig schauen; lüstern spannen; flirten
Schpechtl decht nit so zu die Madln ummi!	Schiel doch nicht dauernd zu den Mädchen hinüber!
Schpeckch-*kch*ne̱i̱dl	siehe „Tirola Knedl"
Schpeckuliar-eisen	Brille
Schpeis	Speise; Speisekammer
schpendiarn	spenden, großzügig sein

Schpergamentln   Umstände machen, Widerstand leisten

Måch koane Schpergamentln!   Sei nicht zickig!

Schperr auf deine Schpråtza!   Mach doch deine Augen auf!

Schpiagl   Spiegel

schpineisln   spähen, neugierig schauen, auskundschaften, sich umsehen

Då muaß i iatz owa a bissl eini schpineisln!   Das will ich mir jetzt aber ganz genau ansehen!

Schpreißl   Zaunlatte
Mei, håt dea Schpreißl!   Mensch, hat der dünne Beine!

Schpring-ginnggal   „Springinsfeld"; lebhafter Mensch

Schprissl   Sprosse (zB einer Leiter); dünne Beine

Schpuckal   kleines Gefährt, kleines Auto

Wås meggsch`n mit dem Schpuckal!   Was willst du mit diesem winzigen Auto!

schpudarn   feuchte Aussprache haben

Schpundus   Angst, Respekt
Vu dia håmm owa ålle an mords Schpundus.   Vor dir haben wir gehörig Respekt.

Schraufn	Schraube; schwere Niederlage beim Fußball
Schre*kch*-schraufn	abwertend für unattraktive Frauen
schrems, schrams, schlems	schief, schräg
schrepfn	bremsen
Schrågn	Holzgestell mit 4 Beinen
So a Schrågn!	hässliche Person
Schruntn	Schrunde, Hautriss
schtaad	ruhig, sachte, vorsichtig
Sei schtaad!	Sei ruhig!
Tua schea schtaad!	Sei schön vorsichtig!
Schtaffl	Stufe
Schtampal	Stamperl, Schnapsglas
schtamparn	wegjagen
Schtångga	Vorrichtung zum Heutrocknen am Feld
syn. Schtiefla, Hoanzn	
schtåpfln	stolpern
Schtaudn-hoc*kch*a	langweiliger Zeitgenosse
schtearnhågl-voll	sturzbetrunken, völlig betrunken
Schtec*kch*n	Stock
Schi-schtec*kch*n	Skistock

Schteff, Schtoff — Stefan

Schteign — Hühnerstall; Holzkiste

so a hinige Schteign — so ein kaputtes Fahrrad

Schtiagn — Stiege

schtiarn — starren
ummadumschtian — herumstochern, -stöbern

Heit schtiasch schu in gånzn Tåg ummadum. — Heute stöberst du ja schon den ganzen Tag herum!

Schtiira — jmd., der in fremdem Eigentum stöbert

Schtich:
Bei mia måchsch koan Schtich! — Bei mir hast du keine Chance!
Deis isch owa a schteila Schtich! — Das ist aber ein steiler Weg!
Deis Fleisch håt jå schoa an Schtich! — Das Fleisch ist schon leicht verdorben!
Dea Schtich kcheat mia! — Stich/Trumpf (beim Kartenspiel)

Schtiefl — Stiefel
Red koan Schtiefl! — Red keinen Blödsinn!

schtiefln — Heutrockner/Heustange setzen
jmd. in den Hintern treten

Schtingl — Stängel, Pflanzenstiel

Schtingl-glasl	langstieliges (Wein-)glas
schtingln	stürzen
iatz håts`n gschtinglt	jetzt ist er gestürzt; auch: bei der Prüfung durchgefallen
Schtoan	Stein
Schtoan-esl	unbelehrbarer Mensch
Schtådl	Scheune
Schtoffl	Christoph, Stefan
Schteff, Schtoff	
so a Schtoffl	so ein unbeholfener Mensch
Schto*kch***-esl**	dummer Mensch
Schtouzn	kleinwüchsiger Mensch
schtraan	streuen
Schtraubm	Strauben, Spritzkrapfen, eine Mehlspeise
Schtrau*kch***n**	Schnupfen, Verkühlung
Schtriezl	geflochtenes Hefegebäck
schtroafn	anstreifen; Holz ziehen
Vazeich, dass i gschtroaft håb!	Verzeih, dass ich bei dir angestreift bin!
Mia miassn no`s Holz å-schtroafn!	Wir müssen noch das Holz (mit dem Traktor aus dem Wald) herabziehen!

Schtrudl	Mehlspeise, gerollt und gefüllt
Schtuck	Stück
schtuff	beleidig, eingeschnappt sein
Bisch schtuff auf mi?	Bist du beleidigt?
Schtumpm	Zigarettenstummel
Schtupfa	kleiner Stoß (symbolisch gemeint)
I wea da schoa an Schtupfa geim (I wea di schu schtupfn!)	Ich werde dich dann schon rechtzeitig erinnern!
schtupfm	stupsen, leicht anstoßen
Schtupf mi nit ållm!	Stups mich doch nicht ständig!
Schtutzn	Kniestrümpfe; Gewehrstutzen
Schuach	Schuh(-e)
schuntig	schäbig
Deis isch owa schuntig vu dia!	Das ist aber schäbig von dir!

Schupfn	Schuppen, Scheune
schupfn	stoßen, schubsen
Schurz	Küchenschürze
Schussl	Person, die übereilt und fahrig handelt
schussln	etwas übereilt, fahrig machen
schutzn	einen Ball spielerisch zuwerfen; ein Glas über die Theke gleiten lassen
schwaafln	lügen
schwaar *Ea tuat si a bissl schwaa in da Schual.*	schwer Er hat Probleme in der Schule.
schwaggln	Flüssigkeit hin und her schwenken
Schwammal	Pilz
Schwåass	Schweiß; blutende Verletzung bei Wildtieren (Jägersprache)
schwarggln *Heit schwargglt ea wieda amål hoam!*	wanken, schwanken Heute wankt er (nach überhöhtem Alkoholkonsum) wieder mal nach Hause!

schwartln	sich watschelnd fortbewegen; hauen, zuschlagen
Schwårtn	Speckrinde; scherzhaft für Bauch
Schwåz	Schwaz (Harrys Dahoam)
Schweinigl, Saunigl	schmutziger, ordinärer Mensch; Ferkel
schweinigln	Schweinereien betreiben
schwenzn, o-schwenzn	schwemmen, ausschwemmen; Schule schwänzen
Schwiitz *Mia rinnt da Schwiitz schu in die Schuach!*	Schweiß Mir fließt der Schweiß bereits in die Schuhe = Ich schwitze unglaublich!
schwitzalan	nach Schweiß riechen
schwoabn, schwoam *Dei̱ Pfoat miass ma aus-schwoabn, de tuat jå schu schwitzalan!*	schwemmen, (aus-)spülen Das Hemd müssen wir schwemmen (waschen), es ist schon ganz verschwitzt!

Schwoaf	Schweif, Schwanz
Ziach decht nit imma an Schwoaf ei!	Mach doch nicht immer einen Rückzieher!
schwåbbln	plätschern, überschwabben
Schwuchtl, Wårma	Homosexueller, Schwuler
Seal	Seele
Seckchl, Säckchel	Socke; Hoden
du bleda Seckchl	du dummer Kerl
seggian	sekkieren, necken, plagen
Seini Hånsn	St. Johann in Tirol
sektisch	pedantisch, kritisch
selchn	räuchern
semma	wir sind
gsund semma	wir sind gesund
Semmal	Brötchen, rundförmiges Weißgebäck, Semmel
Semml-breasl	Paniermehl
Senna, Sennarin	während der Sommermonate einsiedlerisch lebende Spezialbauern auf der Bergweide (Alm)

Sennarei	Käserei auf der Alm
Sensn Segasa (OL)	Sense
Sepp Pepp, Seppl, Jos	Josef
Serggl	Morast, Kot, Schmutz
Seawus!	Sei gegrüßt!
Siach	habgieriger Mensch, Geizhals
siadn	sieden
siarig siirig	empfindlich, leicht reizbar; einer Sache verfallen sein; bei Wunden: brennender Schmerz
Simal	Simon
sinscht, sunsch(t), siischt	sonst
s-letschte Mål	beim letzten Mal
Soacha, Seicha, Soacha	Seiher, Sieb; auch Schimpfwort
Soach-kåchl	Nachttopf

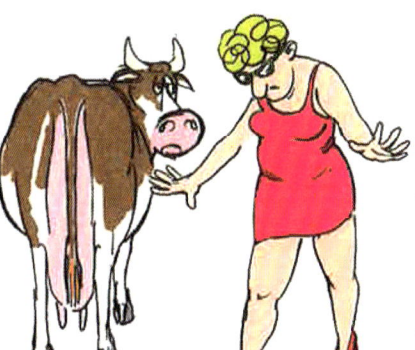

soachn	urinieren
soach-nåss, fetznåss	total durchnässt
soach-wårm	lauwarm
Soafn	Seife
I stea auf da Soafn.	Ich weiss nicht weiter.
Soal	Seil
Sock*ch*n	Socke
du bleda Sockchn	derbe Anrede für einen Mann
soda, sodala, sosn	so
Sodala, iatz håmmas!	So, jetzt haben wir es (geschafft)!
sofl	soviel
sågn	sagen
Sålbn, Solm	Salbe
Sorgnbinggl	Person, um die man sich stets Sorgen machen muss
Deis isch hålt mei Sorgnbinggl!	Das ist mein besonderes Sorgenkind.
sottan, selle, söttan, söttig	solch(-e)
Sozi	kurz für Sozialdemokrat
Stadtla	Stadtbewohner

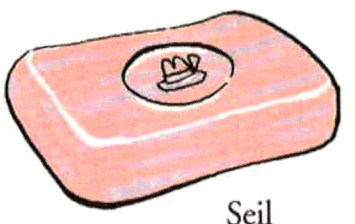

Stanizl	Papiersäckchen
Suar, Suur	Jauche
Suargruam	Jauchengrube
suarn, suurn	Jauche ausfahren
Sud	Rausch
sudan	sich ständig beklagen
Sulz	Salzbrühe; Aspik; Presswurst
Summsa, Summsn	Jammerer
Tua amål weita, du Summsa!	Mach doch endlich weiter, du Trödler!
sumpan	geistig abstumpfen, sich gehen lassen
va-sumpan	(sozial) herunterkommen; auch: zu lange im Gasthaus ausharren
sumsn	ständig jammern, betteln
Sunntig	Sonntag
Sunntåg	
Suppn-henn	Suppenhuhn; abwertend für Frau
Surrm	Rausch, Lärm

suscht, sischt, suusch   sonst, ehemals
suscht kuus da   sonst könnte es dir noch leid tun
schlecht gea

suudig   rauschig

Suur   Beize für das Einpökeln von Fleisch

T

Tåchtl — Ohrfeige

tågalan — Tag werden

takt — tüchtig, brav, fleißig
a takts Weiwass — eine tüchtige Frau

Tantla, Umma-tantla — Trödler
Schmee-tantla — Schmähführer

Tåppa — Fußabdruck

Tappn — Besonderheiten, Eigenheiten
I wea da deine bleidn Tappn schu austreim! — Ich werde dir deine Eigenheiten schon noch abgewöhnen!

tasig — halbwach, verschlafen

Tati — Vater

tatschln — liebevoll, leicht (zB auf die Wangen) klopfen, streicheln

taugn — sehr gut gefallen
Deis taug ma. — Das gefällt mir.
Deis taugt nix. — Das ist nichts wert.

Taxbaam Tannenbaum
Taxn Fichten oder Tannenzweige

tearisch schwerhörig
Schpea di Hör mir zu,
Oawaschl oder bist du
auf, oda bisch schwerhörig!
tearisch!

teatn töten

Techtlmechtl Liebschaft, Affäre; geheimes
Einverständnis
Håt dea schu wieda a Hat der Bursche schon wieder
Techtlmechtl mit eppan eine Liebschaft mit jmd. anderen.
åndan!

teebalen abgestanden, modrig riechen
Reiß die Fenschta auf,
då tuats teebalen!

Teggn Fehler, Gebrechen
Dea håt an Teggn. Der ist nicht normal.

Tegl Tiegel; kleine Schale, Dose

teixln etwas meistern
Deis wea ma schu Das Problem werden wir
irgendwia teixln! schon irgendwie lösen!

Tennen, Tenna Scheune

tenng links; ungeschickt
zwoa tennge Hend zwei linke (ungeschickte) Hände

Terrgl
Den Terrgl kuusch da selwa essn!

dickliche, unappetitliche Masse
Diesen Fraß kannst du selber essen!

Tipfall

Punkt, kleiner Fleck

tippln

laufen

Tirggn

Kukuruz, Mais

Tirggn-wierla

Maissterz

tirmlig

schwindlig, benommen

Tirola Kneidl
= Schpe*kch*-*kch*neidl

Klöße mit kleinen Stückchen geräuchertem Fleisch

Toag

Teig

Toas
Red koan Toas dahea!
So a Toas

Blödsinn, Langeweile
Red keinen Unsinn!
So etwas Langweiliges (Unsinniges)

Toaschn, Tåsch

Schimpfwort für Frauen; Trampel

Toggl

Hausschuhe

Topfn
Red koan Topfn!

Quark, Topfen
Red keinen Blödsinn!

Törggelen	zur Weinlesezeit Gasthäuser oder Buschenschänke aufsuchen, Wein verkosten und dazu Kastanien verzehren (Brauch in Südtirol)
torggln	Wein pressen; taumeln, wanken (nach übermäßigem Weingenuss)
Schaug u, wia dea torgglt!	Schau, wie der schwankt!
toscht (ZT)	dort (hinweisend)
Traafn	Traufe, Dachrinne
Traam	Traum; Holzbalken
traam-happat	unausgeschlafen, geistesabwesend
Plåg mi nit, i bi nu gånz traam-happat!	überfordere mich nicht, ich bin noch komplett unausgeschlafen!
Tråll, Dråll	dumme weibliche Person
Tramplan	Zillertaler Hochzeitstanz im Galopp

Tråtschn	Tratschweib
tratzn	necken
I låss mi vu dia nit tratzn!	Ich lass mich von dir nicht necken!
Trewa	Obstschnaps, Obstler
Trenzal	Brustlatz für Kleinkinder
Bind da`s Trenzal umma, suusch påtsch di u!	Nimm doch den Brustlatz, sonst patzt du dich an!
trenzn	sabbern
Tråmpl	Trampel, Schimpfwort für Frauen
troogat	trächtig
Tråppl	Falle
Iatz isch schu wieda a Maus in die Tråppl gångan!	In der Mausefalle liegt eine tote Maus.
Truchn	Truhe
Trumm	großes Stück
a mords Trumm Lota	ein großer Kerl
a Trimml Brot	ein kleines Stück Brot
Ruck a Trimml!	Rück ein wenig!
Truutschn	Schimpfwort für Frauen

ts-ållanagscht	von Beginn an
tschari gian	kaputtgehen
Iatz isch ea tschari gångan!	Jetzt ist er in Konkurs gegangen!
tschedawenggat	schief, nicht richtig
tschigg	müde
Tschigg	Zigarettenstummel
Tschindara	mächtiger Knall
Iatz håts owa an Tschindara gmåcht!	Das war aber ein gewaltiger Knall!
tschindarn	laut knallen
Tschinelln	Musikinstrument, Ohrfeige
tschinkkch**alen**	nach Verbranntem riechen
Tschippl	kleines Bündchen
a Tschippl Hoa	kleiner Haarbüschel
tschippln	jmd. an den Haaren ziehen
Tschåppal, Tschoppele	unbeholfener Mensch
Tschori	gutmüiger Mensch
Tschugglaad	Schokolade
ts-morgets, ts-morgischt	morgens

ts-nagscht [ZT]   auf einmal

tuan, toan, tua   tun
  tua amål   mach weiter
  tuascht, tuasch   du tust

Tuatnmagga   Totengräber

tuja, tujr, toja   teuer, kostspielig

tupfn   antupfen, antippen; koitieren
  du junga Tupfa   du unreifer Jüngling

Turtn, Tuschtn, Tortn   Torte

Tuscha, Låppntuscha   Knall, plötzlicher Regenfall
  sie håt an Tuscha   sie hat einen Knall!
  a guata Tuscha   ein gutmütiger Mensch

tuschn   krachen
  zsåmm-tuschn   zusammenkrachen
  Åne tuschn   eine Ohrfeige verabreichen
  Låss ma's tuschn!   Geben wir Vollgas!

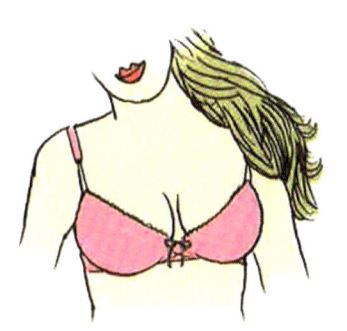

Tuttn   Busen (vulgär)
  Kua-tuttn   Kuheuter

Tuttnkrax(-n)   Büstenhalter

Tuu*kch*   Streich, Posse
  an Tuukch u-toa   einen Streich spielen

U

Uarviech — urwüchsiger, komischer Kerl

Da Hias isch hålt a richtigs Uarviech!

Matthias ist wohl ein richtiges Original.

u-fångs — anfangs

u-hawig, u-habig — andauernd, fortwährend

u-kemman — angekommen

u-lag — leicht ansteigend
Dea Weg geet schea ulag dahi.
Der Weg verläuft angenehm leicht ansteigend.

u-leign — anziehen (Kleidung)
Mit dia mecht i mi nit u-leign!
Mit dir möchte ich nicht streiten!

umanånd(-a) — umher

umasuuscht umsonst

umdraat raffiniert
a umdraats Leital ein raffiniertes Kerlchen

umi-lupfn betrügerisch übervorteilen
Lupf eppan åndan Betrüg, wen du willst, aber
ummi, nit mi! sicher nicht mich.

umma - ummi herüber - hinüber

Kimm hålt du umma, Komm doch du herüber,
i ku nit ummi! ich kann nicht zu dir!

ummadumm herum

umma-suuscht umsonst

umma-welgan umherrollen

ummi-heim herüber-, hinüberheben

ums Årschle*ckch*n　　knapp, ganz wenig, um
　　　　　　　　　　　Haaresbreite

Dei̱ Schuach semma　Die Schuhe sind mir leider
ums Årschleckchn　　etwas zu klein.
z'kloan.

un-gfierig　　　　　unpraktisch

Un guschtl　　　　unangenehmer,
　　　　　　　　　　　ekeliger Mensch

u-nånd, unånda　　ununterbrochen,
　　　　　　　　　　　in einem fort
Teats decht　　　　　Streitet doch
nit u-nånd　　　　　nicht andauernd.
schtreitn!

un-weigarn　　　　Lust auf etwas haben; verlocken,
　　　　　　　　　　　verleitet werden

Dei̱s scheane　　　　Dieses hübsche Kleid
Kleidl tat　　　　　würde ich mir
mi uweigan　　　　　gerne kaufen.
(u-weigerisch måchn).

Uricht　　　　　　Anrichte,
　　　　　　　　　　　Kommode

Urschl　　　　　　Ursula
du blei̱de　　　　　Bezeichnung
Urschl
　　　　　　　　　　　für eine dumme
　　　　　　　　　　　oder ungeschickte
　　　　　　　　　　　Frau

u-schtiefln	jmd. aufhetzen
u-schupfn	anschieben
uwearn	etwas los werden, an den Mann bringen
u-ziachn	anziehen (Kleidung)
u-zwiidan	anstänkern

V

va-bandlt — ein geschäftliches oder intimes Verhältnis haben

va-deanen, va-dianen — verdienen
Wia hun i ma deis lei va-dea(n)t! — Womit hab ich mir das verdient?

va-draat — verdreht; verschlagen

va-drukch**n** — (viel Essen) verdrücken

va-dscheppan — billig verkaufen (Notverkauf)

va-faaln — verfehlen

va-flixt — verflixt
vaflixt schwaar — außerordentlich schwer

va-gåggln — sich irren; Zeit verschwenden
I muaß nåchrechnen, i moan i hu mi va-gågglt! — Ich muss nachrechnen, ich glaube, ich habe mich geirrt!

va-gunnan — vergönnen
Deis va-gunn i da! — Das vergönn ich dir!

va-leidn — zuwider sein

va-luadarn

siehe „va-wixn"

va-plempan
Du håsch dei scheaschte Zeit va-plempat!

Zeit vertrödeln
Warum bist du denn ledig geblieben!

va-rolln
Va-roll di!

sich entfernen
Verschwinde!

va-saun
Du håsch ma mei gånz Leim va-saut!

verpatzen, verunreinigen
Du hast mich ruiniert.

va-schaafln
Iatz hu i schu wieda an Schlissl va-schaaflt!

verwursteln, verlieren
Jetzt habe ich schon wieder den Schlüssel verlegt!

va-seachn, va-seichn

versehen, die Sterbesakramente verabreichen

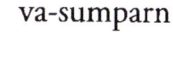

va-sumparn

va-sumparn	geistig abstumpfen; in einem Lokal „hängen bleiben"
va-tian, va-toa	vertun, verscherzen, verschleudern
Va-tua da's nit mit mia!	Verscherz es dir nicht mit mir!
Ea hât âlls va-tuu!	Er hat sein ganzes Vermögen verschleudert.
va-trottln	verblöden; senil werden
va-windn	verkraften, darüber hinwegkommen
Ea kuu dei Blamaasch âafâch nit va-windn!	Er kann die Blamage einfach nicht verkraften!
va-wixn	verschleudern
Vawix nit dein gânzn Kneidl!	Verschleuder nicht dein ganzes Geld!
Va-ziach di!	Verschwinde!
va-zupfn	verschwinden
va-zwickcht	schwierig, kniffelig
voarzua, vuazua	vorzu, langsam, der Reihe nach, nach und nach, mit der Zeit
Vuazua weama ma deis schu deixln!	Mit der Zeit werden wir das schon schaffen!

Vogl-bear Vogelbeere; Beere der Eberesche
 Vogl-bea-schnåps Ebereschenschnaps
 Vogl-beerala
 A Voglbearala isch So ein Vogelbeerschnaps ist
 schu wås Feis! schon sehr delikat!

voll berauscht, vollkommen
 betrunken sein

Vormas Frühstück

Vroni Veronika

W

Waasal — bemitleidenswerte, hilfsbedürftige Person

Wååsn — Rasen; Bezeichnung für einen großen Mann
Mei, isch dea a Wååsn hea! — Mensch, ist das ein Riese!

wachln — fächern, winken
au(f)-wachln — angeben

Walsch — das Italienische
Wenn i gråd a bissl bessa Walsch kunntat! — Hätte ich bloß bessere Italienisch-Kenntnisse!

Walscher — Bezeichnung für Italiener

Waltl — kleines Wäldchen

Wåmpala — dicker Mensch
wåmpata Hund

wåmpat — dickbäuchig

Wåmpm — Wampe, großer Bauch

Wårt a Pois!	Warte ein bisschen!
Wås gåffsch denn so bleid!	Was schaust du so dumm (doof)!
Wås håschn gsågt?	Was hast du gesagt?
Wås meggsch?	Was möchtest du?
Wås willsch?	Was willst du?
Wås?	Wie bitte?
Waschl	großer, grober, ungehobelter Mann
waschlnåss	völlig durchnässt

Schtell di unta, suusch weasch waschlnåss!   Stell dich unter, sonst wirst du noch völlig durchnässt!

Wåsch-rumpl	Waschbrett
Wascht(-l), **Wåscht**	Sebastian
wassarn	bewässern; jmd. verhauen
Wassele	kleines Rinnsal, Wässerchen; Bächlein
wåtn *durchn Schnea wåtn*	waten; langsam gehen durch den Schnee waten
wåtschalan	Kugelspiel, Bocchia
Watschn	Ohrfeige
Watschn-gsicht	ein Gesicht, das zur Verabreichung von Ohrfeigen einlädt
Wåttl	ein dickes Weibsbild
Wattn	beliebtes Tiroler Kartenspiel, meist mit 4 Personen
wax	rau, stechend

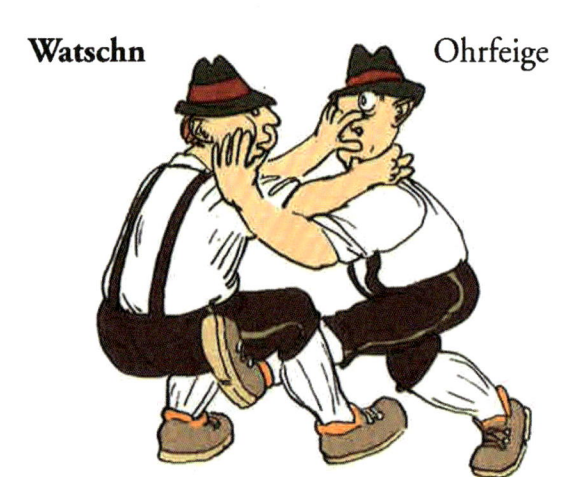

wea
Tuat de̲is wea?

weanig, wianig

Wechtn

Weggn

Weibeerln

Weichbrunnan

Weilal
Bleib decht nu a Weilal!

weita tuan, weita-toa
Tua amål weida!
Gee´ weida!

weiwa-leitisch

Heit bisch owa schu bsondas weiwa-leitisch!

Weiwass, Weibats

Weiwaleit

wellana(-e), wella(-e)
Wella Hiafl håt denn de̲is tu?

Wea bisch iatzt du?

Schmerz empfinden
Schmerzt dich das?

wenig

Schneeverwehung

Bortlaib

Rosinen

Weihwasserbecken

eine kurze Weile
Bleib doch noch ein bisschen!

(endlich) weitermachen
Mach doch endlich weiter!
Geh` doch endlich weiter!

jmd., der ständig Frauen nachstellt

Heute bist du aber schon ganz besonders scharf auf die Frauen!

Frau

Frauen (allgemein)

welcher, welche
Welcher Versager war denn hier am Werk?

Wie ist dein Name?

Wetta-leitn	Wetterläuten, Glockenläuten zum Vertreiben von Gewittern
wettrig	wetterfühlig, schlecht gelaunt
wiach	bei Speisen: stark geschmalzen, fett; draufgängerisch, hässlich
Wick*ch*l	Umschlag; handfester Streit
Meggsch di eppa auf an Wickchl mit mia einlåssn!	Willst du dich etwa mit mir anlegen!
Wierla	Speise aus geriebenen Kartoffeln, Wirler
Wimmal(-e)	Hautausschlag (Eiterbläschen, Pickel, ...)
Wirschtl, Wiichtl	Frankfurter bzw. Wiener Würste
wixn	(mit Wachs) zum Glänzen bringen; ohrfeigen; onanieren

woach weich

Woad Weide

Wohea kimschn du? Woher kommst du?

woltarn (OT) ziemlich, beträchtlich
woltan schpaat ziemlich spät
Ischt a ma woltarn üwan Trischüwl an Eiwasa(r) gekugelt. Er ist ziemlich arg über den Türschweller gestolpert und in den Hausgang (Diele) gestürzt.

Wåssa-pfeifn Wasserpfeife; Morgenlatte
 Wåssa-låttn

wualn wühlen
Muasch du ålm im Drekch wualn! Musst du denn immer im Schmutz wühlen?

wuar**lat** kribbelig

Wuchtl Germteiggebäck mit Fülle, meist Konfitüre, Buchteln

Wurscht — Wurst
Deis isch ma wurscht. — Das ist mir egal.

wurschtln — sich ohne Plan und Überlegung erfolglos abmühen
I wea mi schu durch-wurschtln! — Ich werde schon irgendwie über die Runden kommen!

Wusara — übereilt handelnder Mensch

wusarn — übereilt handeln

Wuuzarl — kleines Kind, kleinwüchsiger Mensch

wuuzln — etwas zwischen den Fingern drehen oder zerreiben
an Tschigg wuuzln — eine Zigarette drehen
es håt mi fåscht dawuuzlt — es hätte mich beinahe erwischt

Wuzl — etwas Zerknülltes, Papierwuzl; Kosewort für kleine Person

z`morgets	am Morgen
**z`naggscht**, z`naxt	neulich
z`neidn	beneiden
Ea isch nix z`neidn.	Er ist nicht zu beneiden.
z`nepft	müde, abgespannt, niedergeschlagen
z´hintrigscht	zu hinterst, ganz hinten
z`hingtrigscht im Zillatål	am Talschluss des Zillertals (Tux)
zaach	zäh
a zaachs Fleisch	zähes Fleisch
a zaacha Hund	ein zäher Bursch
Zaacha	Tränen
Dia rinnan die Zaacha owa.	Dir laufen ja die Tränen herunter.
zaarn	zerren
Zaa a bissl u!	Bemühe dich mehr! Beeile dich!
Zåggla	schlampiger, unbeholfener Mensch

za-kugln	sich wälzen, auch: tödlich abstürzen
da-kugln voa Låchn	umkommen vor lauter Lachen
za-lempat	zerrissen, beschädigt, zerlumpt
Wia kimschn heit za-lempat dahea!	Wie schlampig bist du denn heute gekleidet.
zandln	einem Kind wachsen die ersten Zähne
de Kloane zandlt gråd	die Kleine bekommt gerade ihre ersten Zähne
zånd-luckchat	eine Zahnlücke haben
za-nepft	zerzaust
Zåpfn	Zapfen
Heit håts owa an Zåpfn.	Heute ist aber es kalt.
zaundirr	spindeldürr
Zeachn, Zechn	Zehe
Zechnkas	stinkender Fußschweiß
Zechn-nogl, Z.-neigl	Zehennagel
zearscht	zuerst
Zegga, Zögga	Tragkorb; Rucksack
Zeisele	Zeisig
Hinta an kloan Heisele hokcht a kloans Zeisele	Tiroler Volksweise: Hinter einem kl. Häuschen sitzt ein kl. Zeisig!

Zeisele-wågn	Gefängniswagen
Zeltn	Tiroler Früchtebrot (zur Weihnachtszeit)
Zend, Zente (ZT)	Zähne
Zerrgl	Teigspeise
z-fleiß	erst recht
gråd z-fleiß	jetzt erst recht
Ziach nit so a Murfl!	Schau nicht so grantig! Mach nicht so ein missmutiges Gesicht!
ziachn	ziehen
Ziaga, Ziacha	Ziehharmonika
Ziagl	Ziegel; Rausch
Mei, hun i an Ziagl!	Mensch, hab ich einen Rausch!
Ziga	Ziegenkäse
ziggln	trinken
Zigori	junger Löwenzahn(-salat)
ziizalweis, ziizeleweis	nach und nach, kleinweise
I hu eam ålls ziizalweis aus da Nåsn ziachn miassn!	Ich konnte die gesamte Wahrheit nur scheibchenweise aus ihm herauslocken.

Zillatåla Kråpfn	Zillertaler Krapfen - mit Topfen und Graukäse gefüllte Teigtaschen
Zillatåla Of'nlewa	Hochzeitsgericht
zindln, zintln	zündeln
zintn	(an-)zünden
jmd. Åane zintn	eine Ohrfeige verabreichen
Zipfl	spitzes Ende (Bettzipfel), Penis
letza Zipfl	kleiner Kerl
Ziwebn, Ziweim	getrocknete Weinbeeren
zletscht	zuletzt
Zniachtl	kleiner unscheinbarer Mensch
Wås mechtn deis Zniachtl vu mia?	Will sich dieser Zwerg etwa mit mir anlegen?
Zoch	roher Mensch
a grouwa Zoch	
Zootn	Haar, Haarschopf
I påck di glei bei di Zootn, wenn'd nit schpuursch!	Ich zieh dich gleich an den Haaren, wenn du nicht spurst!
zottlig, zottlat	zerzaust, ungekämmt
Zoutl-hex	unfrisierte Frau

zoutln an den Haaren reißen

zritt zornig, irr

zrugg(-i) zurück

Gee decht a bissl zruggi! Tritt doch ein paar Schritte zurück! (Formlose Verabschiedung eines Touristen am Berg)

zsåmm(-en) zusammen

zsåmm(en)**leitn** Läuten kurz vor Beginn der Messe

Gschlein di, es håt schu zsåmmenglitten! Beeil dich, die Messe beginnt gleich!

zua zu; betrunken sein

Mai, isch dea zua. Mensch, der ist ja sternhagelvoll.

zuachn (OL) näher heran

zua-groast	eingewandert
Zua-groasta	jmd., der aus einem anderen Ort, Land ... zugewandert (zugereist) ist.
zuawa	her, herzu
zuawa-schliafat	anschmiegsam
Zua-wåg	Gratisbeigabe
Zuck*ch***al**, Zuggal	Bonbon
zuggln, ziggln, zuuzln	sich langsam vorwärtsbewegen, langsam (an einem Strohhalm) trinken
Zuigl, Zoig	Zeug, Geräte; Gut; Besitz
Zussl *bleide Zussl*	abwertend für Frau
Zuuzl	Schnuller
zuuzln	saugen
Zwååzla	Zappelphillipp
zwååzln *Hea decht amål auf zwååzln!*	zappeln Hör doch endlich auf zu zappeln!
Zwasper	Heidelbeere

zweanig, z'wianch	zu wenig
Zweschbala	Zwetschkenschnaps
Zwetschgn	Zwetschken, Pflaumen
Zwicka-bussl	Küsschen, bei dem gleichzeitig mit den Fingern in die Wange gezwickt wird.
zwic*kch*n	zwicken
zwiida *Sei nit so zwiida!*	schlimm, schlecht gelaunt Sei nicht so schlimm!
Zwiida-wurzn	bösartiger Mensch
Zwiifl	Zwiebel
zwiifln *I wea di schu zwiifln!*	jmd. sekkieren, necken, schlagen Ich werde dich schon bändigen!
Zwuutschgal	kleines Wesen

Rezepte meina liabscht'n Tirola Schmangalln

*Kneidl und Nudln,
Nockchn und Plentn,
deis sei der Tirola
via Elementn.*

Gearschtl-suppn

Du braugsch: 25 dag Selchfleisch, 10 dag Speck, Wurzelwerk, 1 Zwiebel, 3 Karotten, 5 EL Gerste, Petersilie, 1 1/2l Wasser, etwas Essig, Salz, Pfeffer.

Wia's da's måchsch:
Den Speck in kleine Würfel schneiden und mit den feingehackten Zwiebel und der Gerste leicht anrösten, mit Wasser aufgießen, die geschnitten Karotten und das würfelig geschnittene Selchfleisch beigeben, mit Salz und Pfeffer würzen, mit gehackter Petersilie und etwas Essig verfeinern.

Zillatåla Kråpfn

Fia'n Toag braugsch: je 20 dag Roggen- und Weizenmehl, 1/4l Wasser, Butterschmalz, Salz, 1 Ei
Fia'd Fülle muasch håbm: 10 dag Topfen und Graukäse, 25 dag Erdäpfel, Zwiebel, Butter, Schnittlauch, Salz, Pfeffer

Wia's da's måchsch:
Mehl, Wasser, Ei, Salz zu einem Teig verarbeiten, fest kneten und 30 Minuten rasten lassen. In der Zwischenzeit gekochte, geschälte und zerdrückte Erdäpfel mit zerbröseltem Graukäse, Zwiebel (ev. leicht angeröstet), Schnittlauch, Salz, Pfeffer gut vermischen. Den Teig möglichst dünn ausrollen, runde Blätter mit ca. 10 cm Durchmesser, ausstechen und auf jedes Blatt ca. einen Esslöffel Fülle legen.
Die Krapfen werden halbkreisförmig zusammengelegt, die Ränder fest zusammendrücken, sonst rinnt die Fülle beim Backen aus, und an-

schließend in heißem Butterschmalz beidseitg goldbraun backen. Mit grünem Salat und/oder Milch servieren.

Eadäpflwiarla

Du braugsch: 3/4 kg Erdäpfel, 25 dag Mehl, Salz, Butterschmalz

So måchsch'n:
Die kalten, gekochten und geschälten Erdäpfel grob reiben, Mehl und Salz daruntermischen bis bemehlte Erdäpfelbrösel entstehen - nicht klumpig werden lassen. Im heißen Butterschmalz braun rösten und mit Kompott, Apfelmus und/oder Milch servieren.

Zillatåla Ofnlewa

Du braugsch fia åcht Leit: 2 kg Leber, Lunge und fettes Schweinefleisch, 1/2 kg Knödelbrot, 1 Zwiebel, 2 Eier, Milch, Knoblauch, 15 dag Mehl, Schweinsnetz, Majoran

Wia si måchsch:
Fleisch zu einer lockeren Masse faschieren; Knödelbrot mit heißer Milch aufweichen; zu der faschierten Masse werden Pfeffer, Salz, 2 Eier, Majoran, Knoblauch und feingehackte Zwiebel beigegeben und gemeinsam verknetet, anschließend wird das Mehl hinzugefügt. In einer Kasserolle das Schweineschmalz zergehen lassen und die Masse hineinlegen, ca. 8 cm dick. Mit nicht allzu hoher Temperatur 2 - 2,5 Stunden im Rohr backen, bis alles durchgegoren ist.

Tirola Kne̱idl oder Schpec*kchkch*ne̱idl

Wo der Tiroler Knödel herkommt, wer ihn erfunden hat, seit wann es ihn gibt und ob ihn der Ötzi auch schon gegessen hat, wissen wir eigentlich nicht. Zwar haben Archäologen Knödelnachweise aus dem 2. Jahrtausend v. Chr. belegen können, die erste Knödel-Dokumentation stammt aus 12. Jahrhundert aus Südtirol, ein erstes Knödel-Kochrezept aus dem 16. Jahrhundert.

Du braugsch: 6 trockene Semmeln, Geselchtes oder Wurst, 1/4l Milch, 10 dag Speck, 3 Eier, 1 kl. Zwiebel, 3-4 EL Mehl, Schnittlauch, Butter, Petersilie, Salz, echte Rindsuppe

So måchsch'n:
Die Semmeln werden in kleine Würfeln geschnitten; ebenso Speck oder Wurst, salzen; der Masse werden Eier, Mehl, Schnittlauch und Petersilie hinzugefügt; die kleingeschnittenen Zwiebel werden goldgelb angeröstet und der Masse beigemengt; immer wieder Milch beigeben und die Knödelmasse gut durchkneten, bis sie fest wird. Mit befeuchteten Händen tennisball große Knödel formen und in der leicht köchelnden Rindsuppe ca. 12 Minuten kochen.
Die Knödel werden entweder in der Suppe als Vorspeise serviert, oder als Hauptspeise mit Sauerkraut u.a.

Tirola Greaschtl

Du braugsch: 50 dag. Erdäpfel, 1 Knoblauchzehe, 1 Zwiebel, 5 dag Butter, Wurst oder Fleischreste nach Geschmack, Pfeffer, Salz

So måchsch` es:
Geschälte Erdäpfel feinblättrig schneiden, fein gehackte Zwiebel mit Wurst bzw. Fleischresten in Butter anbräunen, Erdäpfelscheiben dazugeben, mit Salz, Pfeffer, Knoblauch würzen, anbraten lassen, mehrmals umrühren, ev. Majoran beigeben, bis das Greaschtl „prinzig", also kusprigbraun, angeröstet ist. Serviert mit grünem Salat, Weißbrot, Spinat, Spiegelei etc.

A poar luschtige Gschtanzln

Gschtanzln sind gesungene, gereimte Vierzeiler, die meist zusammen mit einem Jodler oder Juchezer in geselliger Runde zu verschiedensten Anlässen zum Vortrag gebracht wurden. Heute gibt es diesen alten Brauch - wenn überhaupt - vor allem noch im bäuerlichen Milieu im Unterinntal, Zillertal und einigen anderen Tiroler Tälern.

Originaltext
Die Schreibweise entspricht der Originalüberlieferung.

Inhaltliche Übersetzung

Hinterm Berg Isel
do schteat a Gerüscht,
Do werden die Weiba
Elektrisch geküsst.

Hinter dem Berg Isel steht ein Gerüst dort werden die Frauen elektronisch geküsst.

Die Sennrin auf da Olm,
De kocht si a Muas
Und hot sie koan Leffl,
Donn riart sie mitm Fuaß.

Die Viehhüterin auf der Alm kocht sich einen Schmarren und hat sie keinen Löffel hat, rührt sie mit dem Fuß um.

Schian is ear nix da Bua
Lei soviel fein,
Schneid hottar a Saggrische,
Mein muaßa sein.

Er ist nicht gerade attraktiv, der Bursche, aber so lieb, er hat eine selbstbewusste Ausstrahlung, also ist er mir recht.

Luschtig miar Melcha, Miar Söchterklockar, Wonn bein Diandl woa fahlt, Semma selbar Döktar. (ZT)	*Lustig wir Melker,* *wir Milchkübelklopfer,* *wenn dem Mädchen etwas fehlt,* *sind wir selber der Doktor.*
Auf da Alm drobm muaßt schloffn - Bua, des is a Sach, Derfst rumpln und pumpln, Weard koa Baua nit woch!	*Auf der Alm zu schlafen,* *das ist eine tolle Sache,* *kannst du rumpeln und pumpeln* *und kein Bauer wird munter.*
Schteig lei auffa, schliaf eina, Bei miar is guat liegn, Hot a jeda Bua gsogt, Dea zu miar auffa iis gschtiegn.	*Steig hinauf in mein Zimmer,* *schlüpfe unter meine Decke, bei* *mir ist es gut liegen, das hat noch* *jeder gesagt, der bei mir war.*
Miar Luschtign, miar Ledign, Miar brauchn koa Predigt, Miar brauchn koa Amt, Weardn decht nit vadommt.	*Wir Lustigen, Unverheirateten* *wir brauchen keine Predigt,* *wir brauchen keine Messe* *und werden deswegen nicht* *verdammt.*
S Diandl hot gsogt, Wos bisch du denn fiar oana, Wennscht nit a Tiroler bisch, Isch ma liaba goar koana.	*Das Mädchen sprach: „Woher* *kommst denn du?"* *Wenn du kein Tiroler bist,* *dann will ich lieber gar keinen.*

Fenschtaln bin i gongen
Zu da Schtoahofa Diarn,
Hob s Fenschtal vafahlt,
Hob da Goaß einigschrian.

*Fensterln bin ich gewesen
bei der Steinhofer-Tochter, hab
das falsche Fenster genommen,
und habe der Ziege zugerufen.*

Gea wegkch vu mein Fenschtal,
Hear endli au singa,
Wannst a richtiga Bua warst,
Warst längst scho herinna! (UL)

*Geh weg von meinem Fenster,
höre endlich auf zu singen,
wenn du ein echter Bursche bist,
wärest du längst bei mir drinnen.*

Aufm Ofn, aufm Ofn,
Liegt da Votta auf da Muatta,
Loss man liegn do obn,
Kriag ma wieda an Bruada.

*Auf dem Ofen liegt der Vater
auf der Mutter ... lassen wir
sie ungestört, denn dann kriegen
wir wieder einen Bruder.*

Materlsprüche aus Tirol

Die Schreibweise entspricht dem Originaltext.

Ich als treuer Hirtenknab
Stieg die Berge auf und ab
Gesucht hab ich die Schafe hier
Und fand mein frühes Grab dafür.

Hier ruht Franz Schiestl
Er war ein seinem Leben
Ein guter Schwanz.
Betet für ihn einen Rosenkranz.

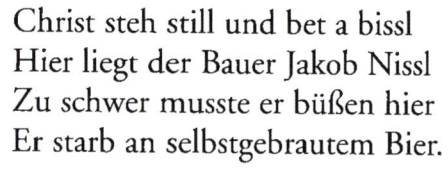

Christ steh still und bet a bissl
Hier liegt der Bauer Jakob Nissl
Zu schwer musste er büßen hier
Er starb an selbstgebrautem Bier.

Es liegt hier begraben die ehrsame Jungfrau Nothburg Nindl -
Gestorben ist sie im 17. Jahr, just als sie zu brauchen war.

Hier liegt Johannes Weindl,
er lebte wie ein Schweindl,
gesoffen hat er wie eine Kuh,
der Herr geb ihm die ewige Ruh.

Unter diesem Rasen
liegt der versoffene
Kupferschmied Nasen.

Hier liegt in süßer Ruh
Erdrückt von seiner Kuh
Franz Xaver Maier.
Daraus sieht man,
wie kurios man sterben kann.

Hier ruht in Gott Adam Lentsch
26 Jahre lebte er als Mensch
und 37 Jahre als Ehemann.

Hier ruht der Brugger von Leichtleithen
Er starb an einem Blasenleiden
Er war schon je ein schlechter Brunzer
Darum bet für ihn ein Vaterunser.

Oh liebe Rosina! So manche Nacht
haben wir mitsammen zugebracht
bis der liebe Heiland kam
und dich wieder zu sich nahm.

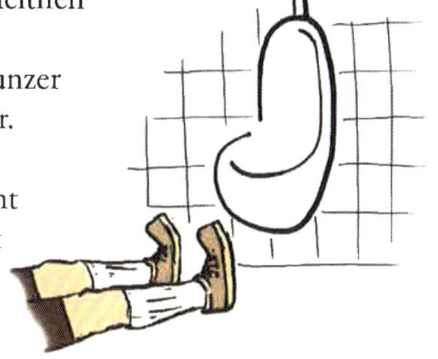

In diesem Grab liegt Unich Peter
Die Frau begrub man hier erst später.
Man hat sie neben ihm begraben
Wird er die ewige Ruh nun haben?

Hier ruht Franz Josef Matt
Der sich zu Tod gesoffen hat.
Herr gib ihm die ewige Ruh
Und ein Gläsle Schnaps dazu.

Hier in diesen Gruben
Liegen zwei Müllerbuben
Geboren am Chiemsee
Gestorben an Bauchweh.

Hier liegt mein Weib
Gott seis gedankt.
Oft hat sie mit mir gezankt.
Oh lieber Wanderer
Geh gleich fort von hier-
Sonst steht sie auf
Und zankt mit dir.

Hier liegt die Jungfer Rosalind.
Geboren als ungewünschtes Kind.
Ihr unbekannter Vater
War Kapuziner Pater.

Tirol ist lei oans

Text von Sebastian Rieger

Tirol ist lei oans,
ist a Landl, a kloans,
ist a schians, ist a feins,
und dös Landl ist meins.

Mei Liab ist Tirol,
ist mei Weh und mei Wohl,
ist mei Guat und mei Hab,
ist mei Wieg und mei Grab.

Tirol ist lei oans,
wie dös Landl ist koans,
in der Nah, in der Fern
ist koans auf der Erd'n.

Da Ziaglaufzug

Übersetzung
(Die Originalversion in Zillertalerisch
finden Sie auf der beiliegenden CD)

**Sehr geehrte Bauernkrankenversicherung,
liebe Fortuna!**

Ich bin ein kleiner Bauer und wohne im Zillertal. Eines Tages beschloß ich, einen neuen Schweinestall zu bauen. Da ich die Bausteine im Dachboden gelagert hatte, musste ich diese zuerst in den Hof schaffen, um sie zu verarbeiten.

Im Dachboden zu bauen wäre wohl zwecklos gewesen, denn dorthin würden meine Schweine ja ohnehin nie gehen. So rammte ich zuerst einmal im Vorhof einen Pflock in den Boden und wickelte einen Strick herum. Mit diesem Seil ging ich anschließend auf den Dachboden, öffnete das kleine Guckfenster, nagelte an dessen Rahmen einen Balken und befestigte daran ein Rad. Nachdem ich das Seil über dieses Rad geworfen hatte, war es ein Flaschenzug. Jetzt suchte ich mir einen großen Eimer, band das andere Ende des Stricks daran fest und füllte die Bausteine in den Kübel.

So, nun eilte ich in den Hof und nahm den Strick vom Pflo...: „Du siehst mich ja nicht, liebe Krankenkasse. Du kannst mich ja nicht sehen! Ich bin so ein - wie man im Zillertal sagt - so einer ‚schmaler Wurf' mit ca. 51 Kilogramm Lebendgewicht."

Als ich nun das Seil aus der Verankerung am Holzpflock löste, war auf einmal der Eimer mit den Bausteinen um einiges schwerer als ich. Der Kübel brauste zu Boden, und ich rannte auf der anderen Seite empor. Exakt bei der Mitte trafen wir einander, wobei mir der Ziegeleimer die Haut auf meiner rechten Körperhälfte total abschürfte. Oben angekommen, knallte ich mit dem Kopf so fest an den Holzbalken und anschließend noch an das Metallrad, dass ich mir einen Beule von der Größe eines Bahnwärterhäuschens mit dazugehörigem Schrebergarten zuzog. Daraufhin fiel der Kübel auf die Erde, und natürlich purzelten die Steine heraus. Jetzt war logischerweise der leere Behälter unten leichter als ich oben. Der Kübel raste urplötzlich auf der einen Seite hinauf und ich auf der anderen hinunter; natürlich berührten wir einander bei der Mitte wieder, aber diesmal verletzte ich mich an der linken Körperseite. Als ich nun total ungebremst mit ca. 90km/h dem Boden entgegenbrauste, schlug ich derart unsanft auf, dass mich sofort der Zustand der Bewusstlosigkeit erreichte.

Nun möchte man meinen, der Schrecken wäre endlich vorbei, doch im Gegensatz dazu, ging es nun so richtig los: In meiner Bewusstlosigkeit ließ ich nämlich das Seil los, und jetzt war das Seilende leichter als der Eimer oben. Das Seil brauste hinauf und der Behälter hinunter; bei der Mitte trafen wir zwar nicht mehr zusammen, doch unten traf mich der Behälter umso stärker. Er brach mit eine Rippe, verbog das Schlüsselbein und zuguterletzt schlug er mit sogar noch 2 Stockzähne aus.

Aus den obengenannten Gründen möchte ich daher hochachtungsvoll um ein kleines Krankengeld bitten.

Literatur

Mundartliche Sprache umgibt uns im sprachlichen Alltag, unterliegt spontanen Einfällen und Situationen sowie auch dem Wandel der Zeit. Begriffe unserer Ahnen sind längst vergessen oder haben sich in ihrer Bedeutung gewandelt. Die in diesem Buch zusammengetragenen Begriffe und die damit verbundenen „Erklärungen" entsprechen der persönlichen, also individuellen, Wahrnehmung des Autors. Um sicherzugehen, dass nicht wichtige Wörter übersehen oder falsch interpretiert wurden, hat sich der Autor an unterschiedlichen namhaften Quellen orientiert. Eine kurze Übersicht soll dem interessierten Leser weiterhelfen.

Ingenhaeff, W. & Reiter, M. (1992): Kleines Zillertaler Wörterbuch. Berenkamp, ISBN 3-85093-018-1

Reiter, M. (1993): Zillertaler Kuchl- und Stuben-Lesebuch. Rezepte aus der Regionalküche des Zillertals und Geschichten ums Essen und Trinken. Berenkamp, ISBN 3-85093-027-0

Reiter, M. (1995): Sprechen Sie tirolerisch? Von Achling bis Zussl. Edition Zeitgeschehen, ISBN 3-85001-575-0

Wagner, C. & Wagner-Wittula, R. (2001): Tirol - Herzhafte „Koscht" aus Nord, Süd und Ost. Das Österreichische Kuchlkastl. Pichler Verlag, ISBN 3-85431-227-X

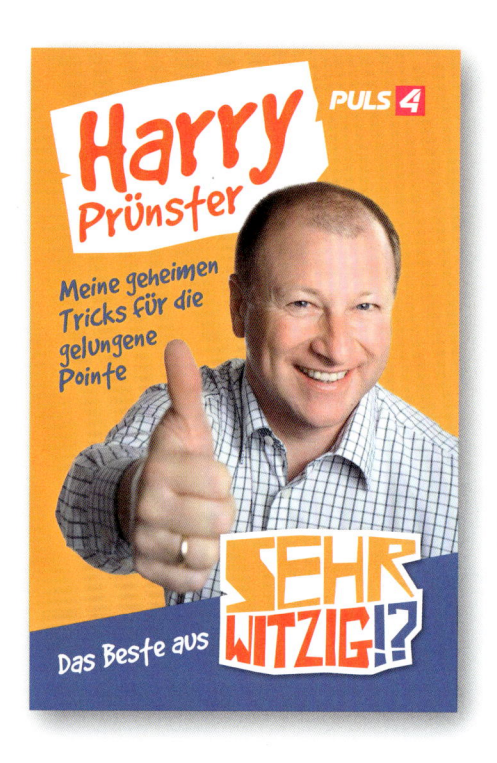

Das Beste aus „Sehr witzig!?" Band 1
Meine geheimen Tricks
für die gelungene Pointe

Das Beste aus „Sehr witzig!?" Band 2
Viele neue Witze und
die besten meiner Idole!

www.harry-pruenster.com | www.fechter-management.com